书山有路勤为径，优质资源伴你行
注册世纪波学院会员，享精品图书增值服务

李文德 著

组织经验萃取
为企业和员工能力能量双赋能

电子工业出版社
Publishing House of Electronics Industry
北京·BEIJING

未经许可,不得以任何方式复制或抄袭本书之部分或全部内容。
版权所有,侵权必究。

图书在版编目(CIP)数据

组织经验萃取:为企业和员工能力能量双赋能 / 李文德著. —北京:电子工业出版社,2020.9

ISBN 978-7-121-39438-6

Ⅰ. ①组… Ⅱ. ①李… Ⅲ. ①企业管理 – 组织管理学 Ⅳ. ①F272.9

中国版本图书馆 CIP 数据核字(2020)第 156066 号

责任编辑:杨洪军　　　　　　　　特约编辑:田学清
印　　刷:涿州市般润文化传播有限公司
装　　订:涿州市般润文化传播有限公司
出版发行:电子工业出版社
　　　　　北京市海淀区万寿路 173 信箱　　邮编 100036
开　　本:720×1000　1/16　印张:12　字数:154 千字
版　　次:2020 年 9 月第 1 版
印　　次:2025 年 9 月第 18 次印刷
定　　价:52.00 元

凡所购买电子工业出版社图书有缺损问题,请向购买书店调换。若书店售缺,请与本社发行部联系,联系及邮购电话:(010)88254888,88258888。

质量投诉请发邮件至 zlts@phei.com.cn,盗版侵权举报请发邮件至 dbqq@phei.com.cn。
本书咨询联系方式:(010)88254199,sjb@phei.com.cn。

推 荐 序

在从事企业教育培训的职业生涯中,以及在方太大学的筹建和发展过程中,我非常荣幸能够获得一批有理想、有远见、有使命感的资深专家的指导。其中,李文德老师就是令我非常尊敬的一位,因为他能够立足中国特色的人文背景和文化土壤,结合中国企业教育培训的实践,潜心钻研并不断为企业教育培训提出符合发展需求的突破方向并提供可落地的方法体系。本书就是其最新的研究成果。该研究成果包括能力能量双赋能,专家的特征(在自己的领域内认为这个世界应该是什么样子的,而且通过自己的努力让世界成为这个样子),手、脑、心一体化的组织经验萃取方法(全面深挖专家的做事方式、思维方式和信念使命)等。

有不一样的认知,才有不平凡的成就。那么,作为企业教育培训工作者,我们能否看到一个不一样的世界?企业教育培训工作者的角色、任务、使命又是什么?

人力资源工作者

在刚接触和进入培训领域的时候,我认为培训就是人力资源的六大模块之一。区别于传统高校的学历教育，培训更加接近实际工作，培训的本质就是复制成功的实践经验，培训有着丰富的授课方式。基于这样的认知，我在工作中不断地学习西方的理论知识，并尝试各种新鲜的学习方式，还引入丰富多彩的课程和设计形形色色的学习项目。培训工作的意义就是通过开发人力资源来支撑公司的人才战略。另外，培训工作还能丰富人力资源工作者的工作经历，筹建企业大学只是人力资源发展路径上的一站。

教育培训工作者

方太是一家由使命、愿景和价值观驱动的企业，它立志打造家电行业中国人自己的第一个高端品牌，创建中西合璧、全球领先的方太文化体系。受此影响，我开始接触优秀的中华传统文化，并认识到我们不仅在做培训，还在做教育，这里的教育不同于一般高校的学历教育。从中华五千年文明来看，教育本来就是一个古老的、独立的、庞大的体系，"志于道，据于德，依于仁，游于艺"。其中，"游于艺"对应了传统培训，培训的本质是复制，培训的内容是知识和技能。"志于道""据于德""依于仁"对应教育，教育的本质是唤醒，教育的内容是伦理道德和智慧真理。所以，中国自古倡导的就是手、脑、心一体化的全人教育模式。从企业人力资源管理理论的发展来看，培训是将教育引入企业以开发人力资源的产物，培训的发展必然越来越符合教育的本质，中国企业培训也应该回归教育的本质。因此，我们可以将企业培训工作者的角色定位为教育培训工作者。

在这个角色之下，企业大学的价值和功能就不仅是促进人才发展，还包括文化的传承、战略的落地、业务的支持、品牌的传播等。促进人才发展不是企业大学存在的唯一价值，企业大学姓"企"，企业经营需要的文化传承、战略落地、业务支持更是企业大学必须去助力实现的。"人须在事上磨，方立得住。"在大多数情况下，我们不是在有了解决问题的能力之后才去解决问题，而是在解决问题之后才有了解决问题的能力。人才发展也不是为了培养人而培养人，而是在文化传承、战略落地、业务支持之中以及之后去收获人才。萃取组织智慧、设计开发课程和设计学习项目就要体现手、脑、心的一体化——手是行为、脑是认知、心是信念。西方培训理论中也有全人教育的提法，但还停留在手和脑的层面。中华文化中的心，不是身体的某个器官，而是利他之心，是真善美，是胸怀和格局，是使命，是信念，是德行。在企业大学的运营中，要充分体现文化即业务、文化即生活、文化即学习的理念。在外部讲师引入和内部讲师培养上，也要体现手、脑、心的一体化。讲师这个角色，除了传授知识和技能，还要以智慧启迪智慧、以心灵滋养心灵、以生命唤醒生命，即传道、授业、解惑。我们不能以简单的客户化关系来看待讲师与企业和学员的关系。

从使命感来看，教育培训不仅是一份工作，还是成就他人的一份有"福报"的工作。教育培训不仅可以成就员工，还可以成就客户、成就社会。其服务范围可以超越组织内部群体，并作为一个独立的职能存在。教育培训值得我们用一生去耕耘，而不应被视作人力资源发展中的一个站点。从事教育培训工作的人，除了有功利之心，还要有仁爱之心，更要有敬畏之心。教好一个人，通过持续影响就教好了无数人；教坏一个人，通过持续影响就教坏了无数人。教书育人同样是我们教育培训者的社会责任。多少年来，我们习惯性地借鉴和学习西方管理与学习理论，这没有错，海纳百川是我们中华民族的民族精神，但是我们发现在中西方智慧不断交融的过程中，"出口转内销"的现象在教育培训行业内也是存在的。立足更高的维度和长远的视角，在适当的时候我们需要思考中国企业的教育培训应该如何超越。自 2008 年起，方太人以高度的文化自信引入中华优秀文化，初步创建"中国特色的方太文化"，使其成为把中华优秀文化与现代管理相结合的典范，方太大学也在中西合璧的定位下，认识到自己肩负着引领中国企业教育培训行业探索中国自主模式的责任和使命。文德老师将手、脑、心一体化的全人教育模式融入组织经验的萃取并总结出一套方法论，就是一种尝试，就是他作为行业专家的使命感。

知识经营者

如果我们只是简单地将外部课程引入内部或者寻找内部专家开展培训，那么我们就在做着"课程贩子"的工作；如果我们通过整合各种学习资源来丰富学习方式、设计学习项目，那么我们就进入了学习设计专业领域；如果我们的工作是萃取内部专家的智慧和组织专家开发课程、案例等，那么我们开始进入知识管理领域。

"物有本末，事有终始，知所先后，则近道矣。"文化传承、战略落地、业务支持、人才发展、品牌传播是企业大学的业务价值和目标。通过人才发展实现文化传承、战略落地、业务支持、品牌传播，是由人到事、从个人到组织的发展路径；通过文化传承、战略落地、业务支持、品牌传播收获人才发展是由事到人、从组织到个人的发展路径。但是，不管是由人到事，还是由事到人，企业大学的工作都必须涉及知识管理，学习项目和项目所囊括的各类学习活动、课程都不是企业大学工作的本质，企业大学工作的本质是知识管理，准确地讲，是对知识和智慧的动态经营。企业大学能够在企业中独立存在靠的是什么？研发是开发产品的，制造是生产产品的，营销是销售产品的，财务是管理资金的，人力资源是管人和组织的，企业大学是经营知识和智慧的。人不是知识的唯一载体，事物也可以作为知识的载体。知识促进了人才发展，但是知识也可以被人当作资源，直接用于促进文化传承、战略落地和业务支持。进入课堂的正式学习情境需要知识管理，非正式学习情境也需要知识管理。尤其是伴随着智能时代的到来，知识日益成为一种重要的资产。对一个业务部门来讲，过去所需要的资源只是人、财、物"三大件"，而今应该是人、财、物、知识"四大件"。站在经营知识、识别知识、萃取知识、存储知识、分享知识、应用知识的视角，教育培训只是知识管理领域中正式学习的一部分，非正式学习已成为客户的新需求。所以在知识经济时代，与其说我们是教育培训者，不如说我们是知识经营者。

在知识经营的全流程中，萃取知识作为一个子流程非常重要，这就需要知识经营者必须掌握组织经验萃取这一核心方法论。组织经验萃取应当成为企业大学构筑的核心能力，这个核心能力也是企业大学满足客户需求的新的战略控制点。有了这个核心能力和战略控制点，企业大学才能在组织中构筑自身的坚固长城。在必要的情况下，除了学习设计师这个岗位，企业还需要设置知识经理的岗位。知识经理和本书中所讲的萃取师类似，伴随着知识经营日益被纳入公司的战略领域，知识经理和萃取师也必然成为非常重要的、有前景的岗位。

从知识到智慧的升华

2020年年初，新型冠状病毒肺炎疫情在全球爆发，这是众多不确定性事件中的一个。有人说这是一个VUCA的时代，即充满着Volatility（易变性）、Uncertainty（不确定性）、Complexity（复杂性）、Ambiguity（模糊性）的时代。新型冠状病毒肺炎疫情就让我们深刻地体会到了这种不确定性，以及其给企业经营和社会经济带来的巨大影响。在当前的动态环境中，商业企业如果不创新，就有可能面临破产。创造知识的能力是企业在具有不确定性的环境中保持创新的关键，但组织本身并不创造知识，个体才是创造知识的主体。通常，创新来自创新者个人的信念，这种信念就是他们对世界的看法。在信息学中，广义的信息包含了数据、信息、知识、智慧四个概念，萃取组织经验既要看行为和认知，也要看信念，这就实现了从知识到智慧的升级，这些实践智慧是一种审慎的、基于实际的、有道德的智慧，也是在特定情境下基于共同利益做出的最佳判断。

文德老师提出的手、脑、心一体化的组织经验萃取方法和萃取3.0方法论框架，助力企业通过组织经验萃取将知识上升到智慧的高度，助力企业教育培训工作者探索开发有中国特色的学习产品。面对未来众多的不确定性和企业竞争的加剧，员工也会感受到各种压力，而与日俱增的压力、焦虑、疲倦、困惑会影响员工的工作状态和持续的创新。即便如此，员工仍需要带着信念去工作。希望企业教育培训工作者能感受到本书作者的初心，共同帮助企业家和组织提升能力，发现更多的真善美，塑造一个又一个有使命感的组织。

方太大学执行校长　高旭升

2020 年 3 月 28 日

前 言

——专家教给了我们什么

每次在做萃取之前都要访谈专家,每次访谈专家都是一次学习的过程,更是一次享受的过程。借用伙伴的原话——"访谈专家就像看特别棒的电影,而且电影演绎的是真实的故事。"那么,这些专家教给了我们什么呢?下面通过一个超市酸奶促销员的故事和读者分享。

超市促销员的学历并不高,大部分还不是正式员工,而是和劳务公司签约的外派工,收入来源是底薪加提成。很多超市促销员对自己的期望并不高,按要求干够一天,拿到一天的底薪就行。我们故事中的这位超市酸奶促销员40岁出头,儿子目前读高三,她从孩子上一年级时就开始做超市酸奶促销员,至今在冷柜前站了十多年。令人意外的是,她说她很喜欢超市促销员这份工作,越做越喜欢。她说她喜欢超市单纯的环境,喜欢和客户聊天,喜欢老客户总是回来找她,即使不买东西也打个招呼。她说她经常告诉儿子,妈妈是一个卖酸奶的促销员,但是就算卖酸奶也是卖得最好的那个。她是如何做到的呢？

这位超市酸奶促销员说："反正闲站着也是一天，忙起来也是一天，不如争取多做点儿事。"她总是不管客户买不买酸奶，对凡来到冷藏区的客户，都主动打招呼，问人家想看点儿什么；当遇到找其他商品的客户时，她主动告知商品在哪里，或帮忙拿一下；当遇到看酸奶的客户时，她主动和客户分享不同品类的酸奶有什么不同；当客户买了自家酸奶时，她总是叮嘱一下回去怎么放、什么时候喝好、冬天怕凉怎么办；当遇到客户拒绝时，她总是笑着说："没事，您下次想喝了再过来。"她说客户来买东西，有个人热情地打招呼总好过没有；酸奶品类越来越多，其实很多客户不知道到底怎么选，有时候一介绍，客户就明白了。慢慢地，她的老客户越来越多，不少老客户还主动带邻居来买，大家对她推荐的酸奶品牌也越来越认可。

市场调查公司的数据显示，一个消费者逛酸奶区域的平均时间是130秒左右，在一个品牌的冷柜前停留的时间也就几十秒。对酸奶这种频繁购买的低值消费品，客户的购买决策是比较随机的。这位超市酸奶促销员每次都争取多做一点点，包括主动打招呼、主动介绍、主动成交、主动服务，最终在几十秒的时间内，获取了客户对她的注意与好感，获得了更多销售机会。更重要的是，她在这样一份繁重的工作中获得了客户的认可，获得了自信。其实，金牌促销员、销售冠军都很类似，不管是正式工还是外派工，也不管卖什么产品，他们都能够在激烈的市场竞争中，在越来越高的业绩指标的要求下，不求客户，不骗客户，把真诚和专业知识、产品知识、销售方法融合起来，热情主动地提供服务，坦坦荡荡地做销售，最终使客户获取价值，使公司获得收益，使自己不仅增加了收入，更在真诚、专业的服务中获得了客户的感谢和尊重。我们访谈过的销售专家是这种状态，优秀的人民调解员、卓越的分公司负责人、企业家等也是这种状态，在本书中我们会分享他们各种有趣、有料的故事。

那么，专家教给了我们什么呢？

- 专家的做事方法。在资源有限、挑战巨大的情况下，专家如何化不可能为可能，创造性地解决各种疑难问题。每个案例都是一个传奇故事。

- 专家对问题本质和因果关系的洞察。有些专家还能用通俗易懂的语言、深入浅出的类比把专业问题介绍清晰、透彻，这时候我们才能理解他们获得卓越业绩不仅仅靠技巧和方法，还靠把努力重点对准成功主因，持续投入精力。那位超市酸奶促销员的成功主因就是每次都多做一点儿，让客户从情感上和专业上感知到不同，从而提升当下的销售概率和下一次客户主动找她的概率。

- 专家的状态。在各种压力和挑战下，专家能够守住本分，扎扎实实，持续精进，慢慢体会到工作带来的额外价值，如创造的乐趣、成就感、价值感等。他们通过工作本身获得正向能量补充，因而更加坚定、自信。如果对这种状态做一个提炼，就是专家通过工作本身实现了"物质与精神双丰收，事业与生命双成长"。

企业做组织经验萃取通常会重视前两点,也就是将专家解决问题的方法和分析判断的原理提炼出来做推广。然而,第三点在这个时代更有意义,即使无比忙碌,专家也能够从工作中获得正向反馈,获得滋养和能量。如果在推广组织经验的过程中,我们能够让每个领域的员工慢慢领悟到这一点,工作不只是苦役、不只消耗身心能量,还是有机会获得成长和能量的载体,那么相信大家都能够理解工作的意义和价值。这也正是专家教给我们的最重要的内容。

中国改革开放四十多年来,社会发展迅猛而剧烈,工作对每个人的意义和价值也在发生巨大变化:是谋生和养家糊口的工具,是提高生活质量和获得他人尊重和认可的工具,还是能够在其中获得成长和能量的载体?我们在访谈中发现,专家在工作中收获了以上三种价值。笔者期望通过萃取和推广专家经验让更多人能够通过工作收获这三种价值。

笔者撰写本书是从组织和员工两个角度出发的。从组织角度来看,期望能够将专家经验转化为组织能力,促进组织绩效的提升;从员工角度来看,能够将专家获得能力和能量的方式有效传递,不仅帮助员工快速成长,还能使他们从工作中获得滋养。本书内容也从这两个角度展开:第1章从专家"牛"在哪里出发,给出了组织经验的定义、类别和价值;第2章围绕组织经验萃取的难点给出了萃取技术的升级路径和方法论框架;第3章详述萃取的六个步骤及关键技术;第4章介绍了组织经验的推广方式;第5章介绍了萃取师如何培养；第 6 章通过两个完整案例展示组织经验萃取项目的操作过程。笔者真诚期望读者能够在书中看到组织经验萃取技术背后对人力资源开发的假设和对职场人的一些人文关怀。

李文德

2020 年 3 月 11 日

目　录

第1章　什么是组织经验 1
1.1　专家"牛"在哪里 1
1.2　组织经验——专家智慧的结晶 11
1.3　组织经验的类别 17
1.4　组织经验的价值 21

第2章　什么是萃取 28
2.1　萃取的本质 28
2.2　组织经验萃取的难点 38
2.3　萃取技术：从1.0到3.0 47
2.4　萃取方法论框架 63

第3章　萃取方法论 75
3.1　界定问题1：选场景 75
3.2　界定问题2：定标准 88
3.3　界定问题3：找挑战 97
3.4　解决问题1：讲故事 103

3.5 解决问题 2：炼纯金 121

3.6 解决问题 3：做验证 136

第 4 章 组织经验推广 139

4.1 组织经验推广的方式 139

4.2 组织经验推广案例 141

第 5 章 萃取师培养 147

5.1 为什么需要培养萃取师 147

5.2 萃取师的工作模式 148

5.3 萃取师的能力素质要求 150

第 6 章 企业案例分享 152

6.1 某公司销售经验萃取与推广项目 152

6.2 某房地产集团项目运营和协同经验的萃取与推广 159

附录 A 萃取相关问题回答 169

参考文献 174

结束语 175

第1章 什么是组织经验

1.1 专家"牛"在哪里

一谈到组织经验萃取,首先想到的就是要挖掘专家经验,那么我们可以向专家学习什么呢?要回答这个问题,就必须搞清楚专家与普通人的区别,也就是专家"牛"在哪里。

《知识创造的螺旋》一书中有这样一段描述:"事实上,除技术诀窍以外,暗默知识还包含心智模式和信念,因此,从暗默知识向形式知识的转换实际上是个体对这个世界的憧憬的表述过程——这个世界是什么样以及应该是什么样。"在这段话中,暗默知识等同于隐性知识,形式知识等同于显性知识。结合访谈各行业专家的体会,笔者非常认同这个观点,并且在此基础上将专家的特征描述为**在自己的领域内认为这个世界应该是什么样子的,而且通过自己的努力让世界成为这个样子**。下面分享一些不同行业的专家的故事。

故事1:大厨/醋熘土豆丝

醋熘土豆丝是一道家常菜,但自己做的和饭馆做的,品质相差非常大。有的绵软,有的爽脆;有的有酸味,有的有醋香味。后来笔者发现一家饭馆的醋熘土豆丝最好吃:爽脆而不绵软,醋香入味,蒜香清新。怎么做到的呢?在请教了大厨之后,笔者发现常规做法和专家做法还是有不少区别的。

常规做法有以下几个关键点:

- 土豆丝泡水要充分(理由:土豆丝彻底去除淀粉才能脆)。
- 急火快炒,后加盐(理由:盐加早了,土豆丝容易蔫,就不脆了)。
- 要多放一些油(理由:土豆丝本身比较吃油,油少了会显得干涩)。
- 先放醋,后放盐。

如果做到了以上几点,基本可以保证做出来的醋熘土豆丝爽脆。而专家做法在这个基础上又增加了几点:

- 在品种上要选硬一点儿的土豆,如荷兰土豆(理由:更容易保持爽脆)。
- 醋要沿着锅边徐徐倒入(理由:锅边温度高,能够激发出醋香味),最好是山西陈醋(理由:粮食酿制,醋香纯正)。

- 在关火后再放入蒜末儿(理由:让菜本身的温度激发出蒜的清香味,以防这种清香味在高温翻炒过程中挥发掉)。

只有做到了这几点,才能让做出来的醋熘土豆丝醋香入味、蒜香清新。

大厨到底"牛"在哪里呢?答案如表 1-1 所示。

表 1-1 大厨"牛"在哪里

世界应该是什么样子的	如何成为这个样子
醋熘土豆丝应该是爽脆而不绵软、醋香入味	• 备料:荷兰土豆 2~3 个,去皮,切丝,清水淘洗两遍,葱切丝,2~3 粒大蒜拍成蒜末儿 • 炝锅:锅中加入植物油烧五成热,下入花椒粒炸香,炸至变色捞出,然后下葱丝炒出香味 • 炒:放入土豆丝,大火翻炒 30 秒左右,沿着锅边徐徐倒入适量山西陈醋,翻炒均匀,加入适量盐,继续翻炒,到土豆丝发青、没有白色芯后关火(一般控制在 2 分钟内),放入蒜末儿,搅拌均匀后出锅

故事 2:店员 / 咳嗽客户买喉宝

冬春季节,咳嗽的人很多,有些人是因为感冒了,有些人是因为得了慢性咽炎等。不同的人对咳嗽的应对状态也不同。社区药店会碰到如下三种客户:

- 告知店员自己哪里不舒服（如最近老咳嗽），请店员推荐合适药品。
- 告知店员想买哪类药（如治慢性咽炎的药），请店员推荐。
- 直接告知店员买哪种品牌的药，而且这种药往往是做广告较多的知名OTC产品（例如，一位男士咳嗽着走进了药店，一进来就问："你们这儿有JSZ喉宝吗？"）。

针对前两种客户，药店店员是可以发挥自己的专业能力来服务客户并销售产品的，但是对于第三种客户，应该如何接待呢？表1-2列举了普通店员与优秀店员接待第三种客户的案例。

表1-2 普通店员与优秀店员接待第三种客户的案例

店员	场景（咳嗽客户点名购买某种广告药品）	
普通店员1	<ul><li>客户："有JSZ喉宝吗？"</li><li>店员："有。"</li><li>客户："买一盒。"</li><li>店员："请付××元。"</li></ul>	成果评价： 成交了。可是如果客户得了慢性咽炎，喉宝就不一定有治疗效果了。虽然药店的许多店员都有药师资格，但这种接待方式无法展现店员的专业能力，也无法为客户提供有价值的服务
普通店员2	<ul><li>客户："有JSZ喉宝吗？"</li><li>店员："你咳嗽多久了？"</li><li>客户（提高声音）："我问你有JSZ喉宝吗？"</li><li>店员："有。"</li><li>客户："买一盒。"</li><li>店员："请付××元。"</li></ul>	成果评价： 店员想通过询问客户咳嗽了多长时间来判断客户购买喉宝是否对症，目的是提供专业服务，但是没有尊重客户的要求，让对方觉得不舒服，于是被顶了回来。好的出发点不仅没有被感知到，还受到了客户的指责

续表

店员	场景（咳嗽客户点名购买某种广告药品）	
优秀店员	• 客户："有 JSZ 喉宝吗？" • 店员："有的。（引领客户前往对应柜台去取药，边走边问）您咳嗽很久了吗？" • 客户："两三周。" • 店员："看过医生吗？" • 客户："没有。" • 店员："喉宝能缓解咳嗽，但如果得了咽炎就治愈不了。您具体有什么症状？" • 客户："喉咙痒，有点儿干，感觉有东西，老是想咳嗽，但是又咳不出来……"（店员可以继续与客户交流，进行专业判断并提供服务。）	成果评价： 店员先响应购买要求并关心客户，同时提供专业建议，客户感受到了被尊重和专业的服务，愿意沟通，这样就创造了多赢机会：客户对症治疗+药店增加收入+店员的专业能力获得认可

通过对比表 1-2 中的案例，我们可以看出，专家（优秀店员）和普通员工（普通店员 1 和普通店员 2）有许多区别。

- 绩效成果不同。在该案例中，优秀店员有机会获得三赢：客户对症治疗、药店增加收入、店员的专业能力获得认可。而普通店员 1 和普通店员 2 只有卖出一种药品的机会。

- 做事方式不同。普通店员有两种接待方式：直接销售（无法提供专业服务）、直接询问症状（不尊重客户要求）。而优秀店员的接待方式是首先尊重并关心客户（帮助客户拿药、询问客户是否看过医生等），然后帮助客户分析（品牌药品是否对症），接着询问病情（具体症状如何，判断是不是常见病，是否可以由店员提供服务）。显而易见，优秀店员的这种做事方式比普通店员更加高明。

药店的优秀店员"牛"在哪里呢？答案如表 1-3 所示。

表 1-3 药店的优秀店员"牛"在哪里

世界应该是什么样子的	如何成为这个样子
• 药店不是医院，店员也不是医生。如果店员采取医生的工作模式直接向客户询问病情，不容易被接受 • 店员不是收银员，不是卖药的，不能简单地客户买什么药就卖什么药 • 优秀店员既不是医生，又不是收银员，面对点名购买广告药品的客户要想办法实现三赢：客户对症治疗+药店增加收入+店员的专业能力获得认可	• 理解客户：许多人得了慢性咽炎并不清楚应该吃什么药，或者不太重视，或者以忙为借口不去医院，而是根据广告的宣传，先买喉宝缓解症状。结果常常是在吃了几盒之后，也只是不舒服的感觉得到缓解，最后还是要系统化治疗 • 服务策略：尊重关心+帮助分析+专业问病，这样才能既尊重客户，又帮到客户

故事 3：人民调解员／80 岁老太太要求身患癌症的小儿子一家搬出去

随着经济发展和老百姓维权意识的提高，许多人在遇到纠纷之后不再隐忍，而是采取诉讼或仲裁的方式。然而诉讼、仲裁并不一定是解决纠纷的最佳途径，因此在法律许可范围内，相关部门会推荐当事人先进行调解。许多法律工作者、心理工作者、社区工作者作为人民调解员会参与相关纠纷或诉讼的调解。这个案例是老太太去法院起诉，要求小儿子和小儿媳腾房，具体背景如下：

老两口有两套房子，是拆迁后分得的。老爷子已经去世，老太太80岁了，有三个女儿，生活条件都不错，两个儿子，大儿子条件较好，小儿子患癌症，生活条件一般。老太太有养老金，在老伴去世后老太太一直跟小儿子住在一起。这样老太太就有人照顾，同时养老金也能补贴小儿子的家用。纠纷产生的原因是老太太跟小儿媳的矛盾尖锐，无法共同居住，所以老太太要求小儿子和小儿媳搬出去，把房子腾出来自己住。老两口的遗产（核心是房产）继承情况是三个女儿放弃继承权，大儿子一家把继承份额让给了小儿子，小儿子给了大儿子2万元作为补偿。房子的产权未变更，都在老太太名下。现状是一套房子由老太太和小儿子一家共同居住，另一套房子由小儿子出租赚钱。法院在受理此案后请调解员先行调解。

常规调解

调解策略是尽可能说服小儿子腾房。从法律角度看，法院会支持老太太的主张（房子归老太太所有），要求小儿子一家搬出去。从情感角度看，母子对簿公堂不仅使小儿子的形象受到影响，而且让小儿子每天都要夹在婆媳中间，很痛苦。

可能的结果是即使小儿子同意，小儿媳也不一定同意。即使小儿媳当下同意，之后就是不搬出去，也无法执行。

专家调解

老太太的诉讼要求是腾房，要解决的问题是不和小儿媳住在一起。

进一步思考：在小儿子一家腾房后，老太太一个人住，心情可能顺畅了，可是谁来照料她的生活起居？在腾房后，小儿媳还能和身患癌症的小儿子和睦相处吗？如果腾房处理得不愉快，那么五个子女如何交往？在老太太百年以后，后事如何处理？房产如何继承？如果小儿媳还是这样子，哥哥、姐姐是否还会照顾？

专家调解策略：老太太自己住这套房子，小儿子和小儿媳搬出去住出租的那套房子；老太太的养老金由小女儿保管，支出要有记录；老太太以后病了，医疗费由五个子女平摊；老太太的后事由小女儿来处理，就用老太太的养老金，如果不够了，子女补足，如果多出来了，多出来的部分由五个子女平分；如果小儿子和小儿媳顺利腾房让老太太一直住到百年，那么其他子女承诺在老太太百年之后房子归小儿子所有，如果小儿子和小儿媳没做到，那么这套房子就按照法律规定由五个子女平分。

最后结果：原告撤诉，小儿子和小儿媳按照承诺搬了出去，小女儿负责照顾老太太，五个子女能够和谐相处。

优秀的人民调解员"牛"在哪里呢？答案如表1-4所示。

表1-4 优秀的人民调解员"牛"在哪里

世界应该是什么样子的	如何成为这个样子
· 调解不是打官司,不能只从法律一个维度看,而要从法、理、情三个维度看,要唤醒理性和善意 · 处理家庭纠纷,不仅要考虑当事人,还要考虑其他利害关系人 · 调解不仅要基于当下,还要面向未来 · 优秀的人民调解员的成功标准是事要结(不是签署协议,而是能够自愿执行),人要和(不是表面和解,而是基于善意和理性的和解)	· 捋清利害关系人:除了老太太和小儿媳,还有小儿子、三个女儿和大儿子 · 洞察各方短期/长期需求 　■ 老太太:不和小儿媳住,需要人照顾养老,百年后后事处理、遗产处理 　■ 小儿子:要尽孝,要和哥哥姐姐相处,要和自己媳妇处理好关系,要媳妇照顾自己 　■ 小儿媳:短期需求是获得房子的租金补贴家用,长期需求是哥哥姐姐继续放弃继承权把房子给自己 　■ 三个女儿和大儿子:期望老母亲顺心养老,愿意帮助弟弟,但是怕弟媳得了好处还不讲道理,期望家庭和睦 · 调解意见:参见上述分析 · 除此以外,专家还洞察到小女儿在五个子女中比较有影响力,因此重点通过她来做两边的沟通工作,在一小时内就完成了调解

应该向专家学什么

上述三个案例展示了不同岗位／专业的专家特征:**在自己领域内认为这个世界应该是什么样子的,而且通过自己的努力让世界成为这个样子。**其他领域内的专家也是一样的。

- 厨师不仅是做饭的人,而且是让人享受美食的人。
- 药店店员不仅是卖药的人,还是为社区居民提供便捷、专业的健康服务的人。
- 人民调解员不是法官,不是基于冲突事件本身来判断是非对错的人,而是在法律底线之上,基于情、理、法,从短期需求和长期需求多维度引导、唤醒当事人的理性和善念,面向未来解决问题,最终实现事结人和的人。
- 管理者不仅是为了完成绩效考核指标而努力工作的,而且是为了成就内外部客户和团队伙伴,以及成就更有价值的自己而努力工作的。

通过上述分析,我们就可以回答应该向专家学什么。

- 要学习专家的做事方式。优秀导购的话术、优秀操作工的动作要点、优秀门店的经营策略等,都是普通员工可以直接模仿学习的。
- 要学习专家的思维方式。在优秀做事方式的背后,专家是如何思考和分析问题的?是如何进行判断和决策的?搞清楚这些,普通员工就能在理解的基础上模仿专家的做法,即使遇到不同的问题,也能创造性地应用。
- 要理解并学习专家的动机模式。专家能够持续做出卓越绩效的背后是对自己在工作中所扮演的角色有更深刻的认识,对工作价值有更高的追求,对服务客户有真情实感。理解了专家的使命和信念,才能更透彻地理解专家的做事方法和思维方式，才能学好、用好专家方法，才能慢慢体会到工作本身的价值和意义。

1.2 组织经验——专家智慧的结晶

如何向专家学习？如何将专家经验转化为组织能力？

- 从古到今，师徒制都很有效。然而每个师傅能够培养的徒弟的数量很有限，很难满足企业快速增长的人才培养需求。
- 邀请专家做分享也是常用方法。专家是能力和能量的载体。员工可以借鉴专家解决问题的经验和方法，专家的成长经历也会给员工不同的启发。借助网络直播、录播等现代技术，专家也可以影响、帮助更多人。然而专家个人的经验往往是碎片化的，很难直接被模仿应用。
- 萃取和推广组织经验。将多个专家解决问题的方法进行提炼，使之转变成系统化的知识，也就是组织经验，然后进行大范围的标准化推广。经过实践检验，这种方式的成效最好。

那么，组织经验与专家个人的经验有什么不同？组织经验与通用原理/方法论有什么不同？只有搞清楚这两个问题，才能准确定义什么是合格的组织经验。只有弄清楚什么是合格的组织经验，才能组织专家进行访谈，才能投入资源大范围推广。表 1-5 结合 1.1 节中的第二个故事（店员/咳嗽客户买喉宝）对专家的话术和经验进行了分享与总结。

表 1-5　专家的话术分享和经验总结

项目	具 体 阐 述
话术分享	• 客户："有 JSZ 喉宝吗？" • 店员："有的。（引领客户前往对应柜台去取药，边走边问）您咳嗽很久了吗？" • 客户："两三周。" • 店员："看过医生吗？" • 客户："没有。" • 店员："喉宝能缓解咳嗽，但如果您得的是咽炎，就治愈不了了。您具体表现出什么症状？" • 客户："喉咙痒，有点儿干，感觉有东西，老是想咳嗽，但是又咳不出来……" （店员可以继续与客户交流以进行专业判断并提供专业服务。）
经验总结	• 如何理解病人：许多人得了慢性咽炎并不清楚应该吃什么药，或者偷懒不愿意看医生，而是根据广告的宣传先买喉宝。即使吃几盒喉宝，也只能短期缓解症状，无法治愈，最后还得看医生，系统治疗，病程长又不舒服 • 个人经验：成功的关键是先满足客户的需求（拿药，询问是否看过医生、咳嗽多久），再提供专业建议（喉宝能缓解咳嗽症状，但如果客户得的是咽炎，就治愈不了了），采取这种方式客户就有很大概率愿意交流了

专家个人将话术和经验提炼到这种程度就很不错了，话术可以模仿，经验可以使大家理解为什么要这样做。然而从组织角度看，除了咳嗽客户点名买喉宝，还有哪些常见病的客户会点名购买广告药品？治愈这些常见病的最佳药品组合是什么？如何调整服务接待流程，才能使所有店员有具体可执行的方法接待点名购买广告药品的客户，从而提高服务接待质量，实现客户满意度和销售额的提升？这就需要访谈多个优秀店员，将他们各自的经验挖掘出来，并经过系统梳理，才能形成可复制和可操作的工作方法。表 1-6 的内容是如何接待点名购买广告药品的客户的组织经验。

表1-6 如何接待点名购买广告药品的客户的组织经验

项目	具体阐述
任务场景	接待点名购买广告药品的客户涉及慢性咽炎、慢性胃炎、脚气、腹泻、感冒、牙痛、口腔溃疡、过敏性鼻炎、眼睛干涩等20多种常见病，有些客户会直接点名购买某种广告非处方药品，可能的后果是疗效不佳，拖延病程
成功标准	客户对症治疗+药店增加收入+店员的专业能力获得认可
挑战	• 在客户已经明确告知店员要购买的药品的情况下，店员如何获得交流机会 • 如何避免客户产生"店员就想多卖药"的误解
新手"雷区"	• 直接卖药，没有机会给客户提供专业服务 • 直接问病，不尊重客户，让客户产生误解
优化后的服务接待流程及工作方法	

阶段/步骤	子步骤/活动/行为	工具/方法	依据/理由	角色使命/信念
接待	响应要求（告知价格、陪同拿药）	无	展现服务意愿，尊重客户要求	店员不是收银员，而是一个专业服务者，要理解并关心客户，快速诊断常见病，专业推荐药品，做好健康生活方式提示，才能真正发挥自身的独特价值
	真诚关心（询问是否看过医生，不舒服多长时间）	无	从店员职责的角度展现关心	
	快速分析（广告药品的作用及局限性）	与20多种常见疾病相关的广告药品的作用及局限性	从店员的专业能力角度提示客户购买决策是否需要重新考虑	

续表

项　　目	具 体 阐 述		
问病	……	20多种常见疾病的判断依据、组方及用药期间生活建议	……
荐药	……		
收银与用药提醒	……		

通过上述分析可以看出：

- 通用方法论和组织经验的区别。药店不是医院，店员不能按照医生角色开展工作。药店也不销售常规生活用品，店员不能采用通用销售方法开展工作。药店要在法律规定的服务范围内，整合店员的专业能力（常见病诊断、常见病组合用药）、客户心理（为什么会购买广告药品）、沟通技巧等，形成药店专有的服务销售一体化工作模式。通过案例分析可以看出，组织经验是在通用方法论的基础上进行的场景化/个性化再造。

- 专家个人经验和组织经验的区别。通过案例分析可以看出，专家个人经验是局部的、非系统性的，别人可以借鉴，但不能直接模仿应用。组织经验是系统性的、全面的，不仅可以被直接模仿应用，还可以被转化为工作指导手册、工作流程等，融入日常管理活动中。

组织经验的定义

组织经验是由积极信念驱动的更高效的、系统化的工作方法,包括流程、步骤、方法、工具、技术专利、指导原则、管理机制等。组织经验是在特定的经营管理条件下,在通用学科理论和方法论的基础上,在提炼以专家信念为基础的先进经验后形成的。推广组织经验是为了提升个人和组织绩效。组织经验的定义如图 1-1 所示。

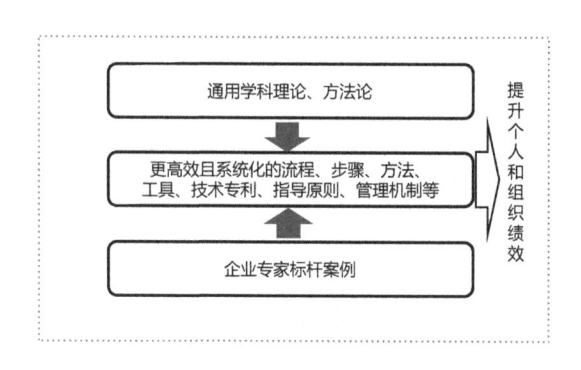

图 1-1 组织经验的定义

合格的组织经验

关于什么是合格的组织经验,我们要关注以下几点内容:

- 以积极信念为驱动。按照常规理解，组织经验是理性的工作方法，似乎与心态、信念无关，然而每一种方法背后都有各自的假设或信念。例如，在销售过程中，有些销售人员只看重客单价，为了这个目标想尽办法影响客户、忽悠客户，即使没有说出自己这么做的驱动力是什么，但他给人的感觉是"客户是自己赚钱的工具"，体现的是"见利忘义"的信念。而有些销售人员看重客户的净推荐率，就是客户是否对产品和服务满意，是否会以自己的人品做担保向朋友推荐。按照这个目标做销售，在过程中销售人员自然会更加关注客户需求，会真诚、专业地提供服务，体现的就是"以义取利"的信念。专家绩效能够持续稳定地优秀，一定是在积极、正面的信念的驱动下实现的。企业要想获得长期成功，一定要推广以积极信念为驱动的业务方法论。
- 工作方法。组织经验是一种工作方法，可以直接在工作中使用。其体现形式有很多，包括流程、步骤、方法、工具、技术专利、管理机制等。在表1-6中，优化后的服务接待流程，如快速分析（广告药品的作用及局限性），都是可以直接应用的工作方法。
- 专属性。即使同一个行业生产、销售同一种产品，由于每个企业的经营理念不同、竞争力不同、战略不同、面对的挑战不同，因此由内部专家根据实践经验提取的工作方法也不同。所以说组织经验是一种个性化知识，不是通用学科理论或方法论，它是专属于某个企业的。其他企业可以参考，不能直接套用。
- 更高效。组织经验是专家智慧的结晶，能够比常规方法更有效。如果达不到这一点，组织经验就失去了存在的价值。
- 可复制。组织经验是系统化的知识，是可以复制的知识。如果达不到这一点，就需要对组织经验继续进行萃取。
- 时效性。组织经验是解决某类问题的工作方法。生产经营环境变化了，问题性质就会变化，企业也要相应地调整工作方法。外部竞争环境变化了，企业也要持续优化工作方法来提高绩效。所以组织经验是有时效性的，需要持续地迭代、完善。

1.3 组织经验的类别

明确了组织经验的定义，企业还需要了解组织经验的类别，方便选择适合的主题进行萃取和推广。组织经验可以从两个维度分类，一个维度是任务复杂度，另一个维度是场景细化程度。

依据任务复杂度分类

依据解决问题涉及的任务复杂度，组织经验可以划分为三种层级。

- 专业岗位类。企业有许多按照专业职能划分的工作任务，可以由一个人完成。例如，客户服务包括售后标准服务、会员服务、投诉处理、客户挽留等任务类别；B2C 销售包括店铺面对面销售、电话销售、网络销售等；设备管理包括设备日常保养、检修、故障处理等。由于初中级专业岗位的任务发生频率高，案例数量多，岗位从业人员多，因此初中级专业岗位任务的组织经验萃取是相对容易的。

- 团队运营类。企业还有许多复杂任务是需要协同完成的。例如，B2B销售需要萃取大客户协同销售工作方法论，训练销售代表、售前顾问、项目经理的协同销售能力；房地产项目开发需要萃取项目协同交付方法论，训练项目经理、设计、工程、成本、营销、客服、开发等多个专业岗位的项目协同交付能力。团队运营或团队协同类任务的复杂度高，完成周期长，因此案例数量相对较少，专家数量少，组织经验萃取的难度较大。部分优秀企业大学已经面向社会提供"大客户销售协同""软件项目交付协同"等课程，这些课程就是在萃取了相应的协同方法论的基础上开发的。

- 整体经营类。企业还有整体经营类任务，涉及高层管理者和全体员工，如文化传承和共建、战略规划与执行、变革推动、创新等。这种任务的复杂度更高，而且内部案例、专家更少，需要企业长期经营并且业绩持续卓越才有可能萃取。

为了提升组织能力，企业可根据业务发展的需要先引进通用方法论，在应用过程中涌现出一定数量的优秀个人、卓越团队后，再通过组织经验萃取优化升级。由于任务复杂度差别极大，对应的方法论的复杂度差别也极大，因此，在应用推广过程中出现卓越个人、团队、事业部的概率也不一样。根据这种情况，企业应由易到难地做组织经验萃取，先从专业岗位类任务开始，再进行团队运营类任务萃取，最后进行整体经营类任务萃取。

依据场景细化程度分类

组织经验依据场景细化程度分为哪几类，以及每类的特征是什么呢？举例来说，随着消费升级，许多企业都推出了高端品牌来获得高价值客户，提升品牌影响力，提高收益水平。例如，海尔公司推出了卡萨帝品牌（包括冰箱、洗衣机、空调等产品品类），爱慕公司推出了爱慕先生、爱慕儿童、兰卡文等高端内衣品牌，华为、小米、OPPO 等公司都推出了高端手机品牌。那么，高端产品的销售方法萃取应该如何开展呢？表 1-7 结合某高端男士内衣品牌的门店销售经验，从行业场景、企业场景、员工场景三个层面来分析高端产品的销售方法萃取。

表 1-7 场景细化案例

场景	举 例	面临的挑战	萃取要解决的问题
行业场景	国产高端产品门店销售	• 消费者对国产品牌缺乏信任，在购买高端产品时优选国外品牌，如何建立品牌信任 • 消费者缺乏购买意愿（不认可高端品牌倡导的生活方式，对价格不能接受），如何影响	• 消费者购买高端产品是偏理性消费，还是偏感性消费？销售模式是推荐式销售，还是体验式销售 • 如何解决品牌信任、生活方式认同等问题

续表

场景	举例	面临的挑战	萃取要解决的问题
企业场景	某高端男士内衣品牌门店销售	• 品牌挑战：该品牌是国产品牌，定位高端，如何获得消费者的认可 • 生活方式挑战：男士愿意花很多钱购买烟酒，但是并不一定会购买高端内衣，如何解决 • 该品牌之前是一个女士内衣品牌，如何让男士接受 • 男士逛街购物的次数极少，而内衣购买频率比西服等高很多，如何建立深度关系、培养忠诚客户、实现重复购买	• 要在解决上述共性问题（品牌挑战、生活方式挑战）的基础上增加企业个性化问题：较高频的消费与男士很少逛街之间的矛盾，原有女士品牌带来的偏见
员工场景	老客户有需求	• 客户目标明确，如何强化关系 • 客户自主性很强，如何让他再看一件 • 如何获得交流机会 • 如何激发、引导需求	• 在解决上述共性问题的基础上，每个场景的销售目标分别是什么？每个场景面临的挑战有什么不同？销售服务的接待重点和方式有什么不同
	新客户有需求	• 如何让新客户信任品牌、认同品牌 • 如何有吸引力地呈现产品价值 • 如何处理价格、材质、竞争等异议	
	……		

通过上述案例分析可以看出，组织经验根据场景细化程度可以分为行业级、企业级和员工级，同一个任务可以按照行业级、企业级和员工级进行萃取。行业级组织经验萃取的本质是研究在整个社会商业发展过程中某类

共性问题的解决方法；企业级组织经验萃取的本质是研究行业通用方法论在面对不同企业的问题时如何进行优化调整；员工级组织经验萃取的本质是研究企业级业务方法论在面对实际工作场景（如不同产品、客户、交付标准等）时如何有针对性地应用。场景越细化，萃取成果的针对性越强。因此，企业组织经验萃取的重点是企业级组织经验萃取和员工级组织经验萃取，而且两者要放在整个行业背景下研究才更有价值。

结合这两个维度的分析，组织经验萃取工作的开展策略是优先选择对企业经营影响大（销售、服务、生产、供应、制造等）、有内部标杆（业绩突出的个人、团队）、受众多的任务场景。

1.4 组织经验的价值

学员：从"悟"到"模仿"，加速成长

"师父引进门，修行在个人。"培训师常常在授课结束时通过这句话提醒学员要在实践中主动应用，这样才能把培训师所教的内容转化为自己的能力。这句话听起来有道理，但是有问题。下面结合图 1-2 所示的常规销售培训知识来分析。常规销售培训知识包括客户知识、产品知识、人际技巧、销售流程等。销售人员全部知识都学了，考试也合格了，在实际销售中还是不

知道如何把这些知识整合起来接待不同客户，经常顾此失彼。经历得多了，才会慢慢找到感觉，这就是"悟"的过程。如果新人成长更多依靠自己的悟性，那么这个过程不仅时间长，而且会增加公司资产损耗，因为新销售人员会拿客户练手，新操作工会拿公司设备练手，新管理者会拿团队练手，新高管会拿公司资本练手。而组织经验是依据不同的任务场景（老客户有需求、新客户有需求、老客户无需求、新客户无需求等），整合不同的专家经验后生成的"高级套路"。新人不需要"悟"，就可以根据不同客户的购买场景直接模仿应用。因此，依托组织经验成果，按照场景组织模拟练习，实施师父带徒弟计划就可以减少"悟"的过程，降低"练手"成本，从而实现学员的快速成长。

碎片式知识技能——"悟"　　　整合后组织经验——"套"

客户知识　产品知识　　　　　客户知识　产品知识

组织经验

人际技巧　销售流程　　　　　人际技巧　销售流程

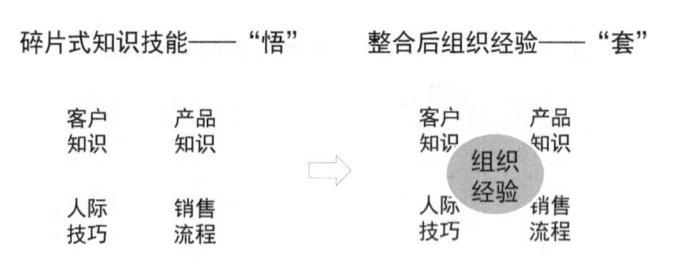

图 1-2　常规销售培训知识

从大学生新入职场、骨干被提拔为管理者，到一线管理者被提拔为综合经营者，从新岗位的角度看，这些人都是"新人"。依托场景化的组织经验进行培训、辅导，可以加快新人的成长速度。

培训部门：提高培训针对性

企业在组织系统化培训时会先引进外部课程，这些课程的理论性强、方法论质量高，通过有效学习与应用，对提升员工和组织的能力有很大帮助。在此基础上，企业希望通过内部培训来提高培训的针对性，因此培训部门开始组织开发内部课程，培养内部培训师。培训部门开发和讲授的初期课程以岗位应该知道的内容为主，重点培训对象是新员工。然而这些课程对在职员工没有什么价值，因此培训部门继续深化内部课程开发，通过组织案例开发工作坊、组织经验萃取工作坊来萃取和推广组织经验，从而帮助在职员工提升能力。部分企业大学认识到了组织经验萃取是自己的核心能力，因此开始培养专职的萃取师，或者提升专职培训管理工作者、HRBP和部分资深内部培训师的案例开发能力和组织经验萃取能力，以持续服务业务部门。综上所述，萃取和推广组织经验可以加强培训的针对性，也可以更好地促进业务部门能力的提升。

业务部门：内部标杆学习，提升组织能力

标杆学习是组织学习的一种重要手段，也称为"标杆管理"或"标杆瞄

准"，是指企业将自己的产品、生产、服务等与同行业内外的典范企业、领袖企业（标杆企业）做比较、找差距，借鉴他人的先进经验以弥补自身的不足，从而提高竞争力。其实质是模仿、学习和创新的持续改进过程。标杆学习的对象分为内部标杆、行业内竞争性标杆和跨行业标杆。从标杆学习的角度看，组织经验就是内部标杆的先进经验。萃取和推广组织经验就是在推动内部标杆学习，两者的工作流程基本一致，如表1-8所示。与业务部门从内部标杆学习的角度进行沟通，更容易推动组织经验萃取工作的落地。

表1-8 内部标杆学习与萃取和推广组织经验

内部标杆学习	萃取和推广组织经验
• 明确学习主题，定义成功的关键要素	• 围绕关键业务价值链和关键任务确定萃取主题
• 锁定学习对象	• 找到优秀个人、团队、分公司、事业部等
• 收集内部标杆的绩效水平和过程、方法等资料	• 将专家经验萃取为组织经验
• 分析并给出学习措施	• 围绕组织能力建设制订组织经验推广计划
• 采取行动，推动落地	• 通过培训、在岗辅导、改善激励制度、改善工艺流程等落地
• 评估反馈效果	• 整体绩效是否得到改善，组织能力是否得到提升

知识管理部门：从知识管理到知识经营

知识管理被越来越多的企业重视，知识管理过程主要包括如下几步：

- 知识获取。企业首先会关心知识获取，通过建立知识管理系统将文档、流程、案例等收集起来，方便员工检索、查阅。
- 知识提纯。通过组织经验萃取，将分散的、碎片化的知识进行提纯，获得高质量的知识。
- 知识经营。组织经验只有得到有效应用，才有价值。依托组织经验开发线上线下课程、组织员工学习、优化激励体系、改善软硬件系统等，都是在推动组织经验的应用，也就是在进行内部知识经营。同时也可以把组织经验通过课程或咨询方式推广到商业伙伴（经销商、供应商、客户等）那里，提升整个产业链的竞争力。有些企业甚至会面向整个社会提供培训课程或咨询服务，为社会创造更大价值。向商业伙伴或社会推广组织经验就是在对企业外部进行知识经营。
- 动态知识经营。由于组织经验具有时效性，同时专家也在实践中持续优化业务方法论，因此组织经验需要持续升级、迭代。这个过程体现了企业知识经营的动态性。

"知识管理"这个概念本身包含了知识萃取和推广，然而许多人容易把知识管理理解为"建立知识管理系统+收集资料+按权限检索"。因此，"知识经营"这个概念强调获得知识的目的是推广知识，并使其产生价值。知识经营的范围要从企业内部走向企业外部，不仅能提升企业的能力，还能提升产业链的竞争力。从"知识经营"升级为"动态知识经营"，会让知识管理工作者产生一种紧迫感，使其在充满激烈竞争的市场环境中，更快地迭代和推广组织经验。

优秀的企业大学在组织经验萃取成果的基础上开发了精品课程，不仅在企业内部进行推广，也向社会推广。例如，惠普大学推广管理流程课程，摩托罗拉大学推广六西格玛系列质量管理课程，IBM 公司推广业务领先模型课程等。中国企业随着经营管理实践水平的提高和企业大学能力的发展，也开始向社会推出自己的品牌课程，进行外部知识经营。

企业文化部门：文化与业务融合，推动文化落地

企业在进行组织经验萃取之前，必须找到内部专家。内部专家的特征是**在自己的领域内认为这个世界应该是什么样子的，而且通过自己的努力让世界成为这个样子**。通过这个特征我们可以看出，内部专家不仅绩效持续稳定、优秀，而且将创造客户价值的使命、追求卓越的价值观与专业领域内的工作方法论融合在一起。员工学习和应用具备这种特征的组织经验，就能够在日常工作中潜移默化地落实企业文化。

本章小结

- 组织经验萃取的前提是有依靠自身能力获得持续稳定的高绩效

的专家。
- 要向专家全面学习，包括学习他的做事方式、思维方式和动机模式。因为专家的特征是**在自己的领域内认为这个世界应该是什么样子的，而且通过自己的努力让世界成为这个样子**。
- 组织经验是企业非常宝贵的知识资产，需要被很好地挖掘、提纯和经营。
- 组织经验涉及多个利益关系人，包括员工、培训管理者、业务管理者、知识管理者、文化管理者等，要从不同视角看待组织经验的价值。

第 2 章　什么是萃取

2.1　萃取的本质

萃取的本质是什么?我们结合销售异议处理主题下的三个不同案例展开分析。

案例 1:客户对产品材质有异议

在某高端内衣销售柜台,导购给客户介绍了新款的莫代尔面料内衣,之后客户针对产品材质提出了异议。如何应对客户提出的产品材质异议呢?新手导购和高手导购的回应如表 2-1 所示。

表 2-1 如何应对客户对产品材质的异议

具体方面	新手导购	高手导购
行为表现	• "你这不是棉的？我只穿纯棉的。" • "棉是传统面料，洗洗会发硬，湿了也不容易干。这是高端莫代尔面料的，又软又舒服。"	• "你这不是棉的？我只穿纯棉的。" • "纯棉的很多人都喜欢，纯天然面料，柔软透气，贴身穿舒服又健康。这和棉一样，也是百分百纯天然的，是从榉树的木材中提取的新型面料，既有棉的柔软，又有丝绸的顺滑，越穿越舒服。您带上一件试试吧？"
如何界定问题	• 客户专业知识不足，说的不对。内衣面料有好多种，纯棉的不是最好的	• 客户喜欢纯棉内衣是有他自己的理由的 • 对客户来说，换一种面料是一种新的尝试，是要冒风险的
如何解决问题	• 运用自己的专业知识说服客户（指出纯棉面料的缺点、莫代尔面料的优点）	• 肯定：买纯棉内衣是正确的选择 • 通过解释影响客户：购买莫代尔面料内衣是更加正确的选择（既保留了原先的优点，又增加了新的价值） • 促成：推动对方改变，做出购买决策
可能结果	• 辩论赢家，销售输家	• 客户购买莫代尔面料内衣的概率提高，即使客户不感兴趣，再介绍自己家的纯棉产品也有机会

在对产品材质异议的处理中，新手导购不认可客户对纯棉产品的认知和使用习惯，而高手导购的应对策略是证明客户原先的购买决策是正确的，新的购买决策也是正确的。界定问题和解决问题的逻辑关系清晰明了，但不是每个销售异议的处理都如此简单，下面分析比较复杂的价格异议。

案例 2：价格异议

在某高端内衣销售柜台，一位男士看中了一件男士背心，价格为 600 元。他有点诧异地对导购说："一件背心卖这么贵？！"导购按照异议处理三步骤回应他。

- 肯定："确实看起来有点儿贵。"
- 解释："我们的背心是用全世界最好的长绒棉织成的，棉绒越长，纺出来的棉纱越长，做出来的背心越平顺，穿着越舒服。您看这是我们的产地。"
- 促成："您摸摸看，手感怎么样？"

导购这样应对是想表明产品的品质高，值这个价格。但是大部分客户的反应是"哦"，然后借机离开。少部分客户会开玩笑说："再好的棉花也不会比金子贵吧。"客户为什么会有这样的反应呢？在经过访谈和分析后，我们发现：

- 直接原因。对价格有异议的大部分是新客户，他们看到价格会诧异的直接原因是购买习惯不同，他们一般习惯从超市购买背心等内衣，价格也就几十元钱，与专卖店价格的差别确实很大。

- 根本原因。有消费能力的男士买酒会买茅台、五粮液，买烟会买高档烟，买西服会买大品牌，针对这些产品他们绝不会买超市款，而买内衣的消费模式却不一样，根本原因有两个：生活方式认同度不够和品牌认同度不够。具体来讲，高档烟酒、高档西服是职场需要，必须买，而内衣差不多就行了，所以在这种理念指导下，客户就不会买高端内衣。品牌问题在于该品牌是一家国产品牌，在男士内衣领域中，它的美誉度很高，但知名度还不够，所以当新客户对品牌价值没有认知的时候，对价格的接受度就会很低。

- 经验总结。通过对该男士内衣品牌的销售冠军进行调研发现，对于新客户，不仅要销售产品，还要销售品牌和品牌所倡导的生活方式。新客户只有接受了品牌和品牌所倡导的生活方式，才有机会接受产品，才可能降低对价格的敏感度。因此导购努力的重点不是在价格异议出现以后如何应对，而是如何减少价格异议出现的次数。要减少价格异议出现的次数，就必须调整销售服务流程，在欢迎客户阶段要先做品牌介绍（品牌定位、品牌成就），然后在推荐产品阶段要介绍使用场景和价值，推动客户认同品牌所倡导的生活方式。

结合上述分析可以看出，价格异议处理比产品材质异议复杂多了。客户不认可价格，常规原因是客户喜欢产品，想砍价，而深层原因可能是对品牌不认可、对品牌所倡导的生活方式不认可等。常规异议处理方法可以解决客户想砍价的问题，然而要解决由客户对品牌和品牌所倡导的生活方式的不认可而导致的价格异议问题，需要做的是调整销售服务流程，优化销售服务方法论。

许多企业在推出高端产品后，在销售中都会面临客户对品牌和品牌所倡导的生活方式的不认同而带来的价格异议。需要注意的是，当大部分导购都在讨论价格贵、没法卖的时候，企业需要考虑的不是如何应对价格异议，而是要升级销售理念和销售方法。表2-2展示了普通产品价格异议和高端产品价格异议的不同应对方法。

表2-2 普通产品价格异议和高端产品价格异议的不同应对方法

价格异议	界定问题	解决问题	萃取特点
普通产品价格异议	• 由于想买性价比高的产品而砍价	• 分类优化话术（没有赠品、优惠期刚过、与竞争对手比价等如何应对）	• 简单因果关系，优化具体步骤和方法
高端产品价格异议	• 对品牌价值不认可 • 对品牌所倡导的生活方式不认可 • 习惯性砍价	• 升级销售理念，从单一卖产品到三维销售：品牌+生活方式+产品 • 优化销售流程：将品牌销售动作和生活方式销售动作融合进销售流程	• 复杂因果关系，销售理念和销售流程都需要调整

在企业的生产经营实践中，导致价格异议这类问题出现的原因非常多，因此萃取就要多维分析，只有搞清楚因果关系，才能系统地调整工作方法。那么是否还有更复杂的异议处理呢？下面分析身份异议（来自直销行业）的处理。

案例3：身份异议（来自直销行业）

随着消费水平的提高，越来越多的人开始购买改善性产品，如空气净化器、净水器、保健品、美容产品等，这包括一些直销产品，而且朋友和同事之间还会交流购买心得。有趣的是，当其中一个人成为直销企业的经销商并开始以新身份分享和推荐相关产品时，问题就来了，有消费能力、有消费习惯、过去也会交流产品购买心得的朋友、同学、同事突然之间开始回避，甚至在购买一两件产品后拉黑这位成为经销商的朋友。这时候这位直销行业的新人就会产生困惑："我们原先关系那么好，为什么会这样呢？"经过全面分析，我们发现促使这个问题产生的原因非常多。

- 关系变化。原先是朋友关系，现在变成了"朋友+商业服务"的关系，这种关系的转变有点儿尴尬。从商场买东西，东西不好可以退货，服务不及时、态度不好可以投诉。可是如果从朋友那里买东西，让他送货还要负责安装就有点儿不好意思了，投诉更不行。为了避免这种尴尬，还是不买为好。
- 职业期待。有些从事直销行业的朋友原先有大众眼里的好工作，如高级白领、高级专家等。在他们换了工作后，有些朋友、同学不认同这种职业转换，甚至会直接批评"你脑袋进水了"，为了表达自己的不认同和不认可,他们也采取了疏远、拉黑的行动。

- 糟糕体验。曾经做过直销的人非常多,但是能够坚持下来的很少。有可能有些同学和朋友之前已经接触了其他从事直销行业的人,但没有获得持续和专业的服务,所以对一个直销新人也缺乏信心。
- 成见。由于受非法传销的影响,许多人对直销行业有成见,一听到直销下意识地就会疏远。

所以,直销行业的身份异议比价格异议更加复杂,涉及了关系模式调整带来的挑战,涉及了对自己职业决策的期待,涉及了直销行业对消费者的影响,甚至涉及社会舆论导向对消费者的影响。因此,在处理这种异议时,调整沟通技巧是不够的,调整服务销售模式也是不够的,需要将心态、销售原则和业务方法论一同调整。表 2-3 详细说明了如何应对身份异议。

表 2-3 如何应对身份异议(来自直销行业)

产生原因	优化方法	萃取特点
<ul><li>关系模式调整</li><li>对自己的职业决策不认同</li><li>其他直销同业在这之前提供了较差服务</li><li>对整个直销行业有成见</li></ul>	短期:<ul><li>理解并接受朋友们的心理</li><li>借助公司体验馆、借助自己老师或上级的专业能力来改善服务销售</li></ul>长期:<ul><li>重新定义成功标准:不是获得一次成交,而是获得长期客户</li></ul>	因果关系是多维的、动态的、隐蔽的,需要系统、深入地综合梳理

续表

产生原因	优化方法	萃取特点
	• 重新定义成功关键：不是利用原有信任关系，而是要提供专业服务、深化人际信任，实现专业和人际的双满意 • 重构服务销售模式：将关系销售、顾问式销售、体验式销售、服务销售一体化 • 重新定义成功原则：要有长期经营的心态，给自己成长的时间，给朋友接受和转化的时间	

组织经验萃取的本质

从对上述三个案例的分析中，我们可以看出新手与专家的区别，如图 2-1 所示，具体阐述如下。

- 界定问题的方式不同。要想解决问题，首先要界定问题，如果问题界定错了，解决起来就可能南辕北辙。新手一般根据表面现象界定问题，而专家会根据深层现象和本质界定问题。上述三个案例中都有销售异议，新手通常会认为上述三种异议的性质是相同的；而专家会分析这三种异议产生的原因分别是什么和问题的本质分别是什么。由于专家能够把握问题的本质,因此就能够从根本上解决问题。

- 解决问题的模式不同。新手常常会按照一般流程来解决问题,而专家会根据问题的具体情境来整合、优化解决方法,这样就做到了对症下药,解决问题的效率也高。
- 认知图式差别大("套路"的数量和质量不一样)。新手和专家在掌握知识的深度和广度上差别巨大。在解决问题的过程中,专家形成了大量的认知图式(界定问题和解决问题的"套路")。当遇到类似问题时,我们可以直接调用。

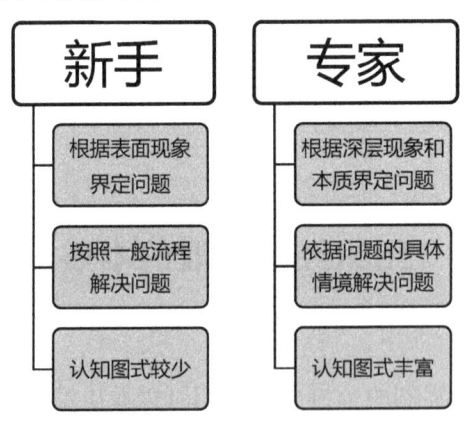

图 2-1　新手与专家的区别

结合上述分析,我们可以得出如下结论:组织经验萃取的本质是**把专家如何界定问题和解决问题的"高级套路"梳理出来**。表 2-4 对比展示了新手和专家在处理上述三个销售异议时界定问题和解决问题的区别。

表2-4 新手和专家在处理三个销售异议时界定问题和解决问题的区别

销售异议	新手或专家	界定问题	解决问题
客户对产品材质有异议	新手	• 客户专业知识不足,说的不对,内衣面料有好多种,纯棉的不是最好的	• 运用自己的专业知识说服客户(指出纯棉面料的缺点、莫代尔面料的优点)
	专家	• 客户喜欢纯棉内衣是有他自己的理由的 • 对客户来说,换一种面料是一种新的尝试,是要冒风险的	• 肯定:买纯棉内衣是正确的选择 • 通过解释影响客户:购买莫代尔面料内衣是更加正确的选择(既保留了原先的优点,又增加了新的价值)
高端产品价格异议	新手	• 客户说产品贵是想砍价,希望买到性价比高的产品	• 想办法用好公司和商场的促销政策,尽量争取折扣或赠品 • 没有优惠就强调产品的材质,证明产品品质高,值这个价格 • 杀手锏:苦情法(生意不好做,自己任务还没完成,请客户帮忙)
	专家	• 客户对国产高端男士内衣产生价格异议的主要原因是其对品牌价值不认可(认为该品牌的男士内衣不应该卖这个价位),对该品牌所倡导的生活方式不认可(男士内衣不需要买高级的)	• 销售信念:成功男人其实很辛苦,喝酒、抽烟、穿笔挺西服更多是为了工作和应酬,内衣穿舒服点儿是在爱自己 • 销售流程:在开场问好后要做品牌介绍(品牌定位、品牌故事) • 产品介绍:要把产品功能和使用场景结合起来(细节略)
直销行业身份异议	新手	• 很难理解为什么和自己关系那么好的朋友、同学不支持自己 • 认为自己不够努力	• 想尽办法进行沟通(没机会见面就打电话,不能打电话就用微信) • 最终结果:生意做不成,朋友也做不成

续表

销售异议	新手或专家	界定问题	解决问题
直销行业身份异议	专家	• 关系变化带来很大挑战（"朋友+商业服务"关系） • 朋友、同学对自己的职业决策不认可（放弃传统意义上的好工作） • 其他直销人员之前的服务不佳 • 对整个直销行业有成见，不想接触	短期： • 理解并接受朋友的心理变化 • 借助公司体验馆、借助自己老师或上级的专业能力来改善服务销售 长期： • 重新定义成功标准：不是获取一次成交，而是获得长期客户 • 重新定义成功的关键：不是利用原有的信任关系，而是要提供专业服务、深化人际信任，实现专业和人际的双满意 • 重构服务销售模式：将关系销售、顾问式销售、体验式销售、服务销售融合起来 • 持续提升能力：证明自己比过去更好

2.2　组织经验萃取的难点

经验分享并不是什么新鲜话题，读书期间有学霸的学习经验分享，工作后有销售冠军的经验分享、服务标兵的经验分享、先进班组的经验分享、卓越团队的经验分享、文化榜样的经验分享等。那么，结合组织经验萃取的本质，做好组织经验萃取难在哪里？

技术难点1：找到合格专家难

专家的特征是**在自己的领域内认为这个世界应该是什么样子的，而且通过自己的努力让世界成为这个样子**。然而这并不是一个可以执行的筛选专家的标准，那么如何寻找并判断谁是专家呢？通常是看绩效，然而短期绩效除了受工作能力的影响，还受激励考核制度和市场环境的影响，因此要看长期绩效是否优秀。接下来，我们就需要深入思考考察多长时间的绩效、考察哪些维度的绩效等问题。例如，同样是寻找销售专家，门店导购每年接待的客户可能有几千人次，销售周期短，如果在2～3年内业绩都排在公司前列，同时销售额高，高端产品占比高，老客户成交量占比也高，那么门店导购就一定是销售高手了。大客户销售代表有时只负责一个客户，有时负责十几个客户，最多负责几十个客户，同时成交周期很长，从几周、几个月到几年不等。因此，大客户销售代表要想成为大客户销售专家，需要5～10年的经验，不仅要销售排名靠前，还要做好客户深耕（同一客户连续成交、多种产品成交、成为客户战略供应商等）。从数量角度看，门店导购的数量很多，从中找出一批销售专家是很容易的事情。而大客户销售代表的人数相对而言就很少，从几十个到几百个不等，也许只能找出几个销售专家。如果一个岗位只有几十个人，那么有可能只能找到一个专家。只有找到多个合格的专家，才能开展萃取工作，而找到足够数量的合格专家并不容易。

技术难点 2：挖掘专家经验难

表 2-5 结合 2.1 节中的第一个案例——客户对产品材质有异议，对比分析了新手导购和高手导购的行为表现和经验总结。

表 2-5　新手导购与高手导购的行为表现和经验总结

具体方面	新手导购	高手导购
行为表现	• "你这不是棉的？我只穿纯棉的。" • "棉是传统面料，洗洗会发硬，湿了也不容易干。这是高端莫代尔面料的，又软又舒服。"	• "你这不是棉的？我只穿纯棉的。" • "纯棉的很多人都喜欢，纯天然面料，柔软透气，贴身穿舒服又健康。这和棉一样，也是百分百纯天然的，是从榉树的木材中提取的新型面料，既有棉的柔软，又有丝绸的顺滑，越穿越舒服。您带上一件试试吧？"
经验总结	• 说的都对，但是沟通方式不对，针锋相对，否定客户的观点 • 没有人愿意花钱买不愉快，成功率低是很正常的	• 能够顺着客户的观点往下讲，让客户感觉到既舒服又专业，销售成功率自然得到提高 • 充分体现了以客户为导向的意识

高手导购的经验总结是否可直接被复制或模仿呢？新手导购是否容易学习呢？我们继续深入剖析，表 2-6 展示了如何深入挖掘专家经验。

表2-6 如何深入挖掘专家经验

具体方面	具体阐述
原始话术	"纯棉的很多人都喜欢,纯天然面料,柔软透气,贴身穿舒服又健康。这和棉一样,也是百分百纯天然的,是从榉树的木材中提取的新型面料,既有棉的柔软,又有丝绸的顺滑,越穿越舒服。您带上一件试试吧?"
划分行动步骤	1. **肯定**:"纯棉的很多人都喜欢,纯天然面料,柔软透气,贴身穿舒服又健康。" 2. **解释**:"这和棉一样,也是百分百纯天然的,是从榉树的木材中提取的新型面料,既有棉的柔软,又有丝绸的顺滑,越穿越舒服。" 3. **促成**:"您带上一件试试吧?"
深入剖析每个动作成功的关键点	1. **肯定**:"纯棉的很多人都喜欢,纯天然面料,柔软透气,贴身穿舒服又健康。"(导购说出棉质内衣具体好在哪里,而且还说这是很多人的观点,这就让客户感觉到导购认真倾听并且认同了自己的观点,体现出对自己的接纳,在此基础上客户才可能愿意倾听和接受导购的观点。) 2. **解释**:"这和棉一样,也是百分百纯天然的,是从榉树的木材中提取的新型面料,既有棉的柔软,又有丝绸的顺滑,越穿越舒服。"(客户重点关心的是面料对自身感受的影响,因此解释也围绕着这点展开,传达的核心观点是新面料既保留了客户关注的优点,又增加了新的优点,这样客户就能理解改变决定的好处,才可能愿意去尝试新面料。) 3. **促成**:"您带上一件试试吧?"(导购应该成为销售进程的推动者,所以要促进成交。)
经验总结	• 莫代尔面料对比纯棉面料是内衣销售中常见的产品材质异议 • 纯棉面料的优点是纯天然面料,柔软透气,贴身穿舒服又健康,缺点是吸汗后容易粘在身上不舒服,穿久了易发硬、发黄 • 莫代尔面料的优点:继承了纯棉面料的优点(纯天然、柔软透气),克服了纯棉面料的缺点(排汗性不好,穿久了易发硬、发黄),新增了优点(丝绸般顺滑)

续表

具体方面	具体阐述
经验总结	• 异议处理要点：按照异议处理三步骤进行（话术参考专家范例） 　■ 肯定（纯棉面料的优点+许多人认可） 　■ 解释（莫代尔面料既继承了纯棉面料的优点，又创造了新的价值，让客户感觉选择纯棉面料的没错，选择莫代尔面料的更好。） 　■ 促成（请客户摸一摸增加体验，请客户买一件回家体验。）

通过前后对比可以看出，表 2-5 中的经验总结会提供一些原则性的建议，或者提供具体的话术。然而话术很死板，场景不同就不一定适用，原则性的建议听起来有道理，但很难落地。表 2-6 中的经验总结就深入了很多，将话术划分为行动步骤，详细分析每句话背后有效的原因，因而在此基础上总结的经验就能把处理异议的常规步骤、客户心理、专业知识进行整合，输出的成果既能被直接模仿，又能被调整应用。

为什么挖掘专家经验很难呢？

首先，大部分专家的特点是"手中有、口中无"，对他们而言，高效做好工作易如反掌，把自己的优秀做法及背后的原因条理化、系统化地讲出来并不容易。原因有两个：一是有些做法是下意识的，专家自己都没有觉察到经过了哪些思维分析过程，或者采取了哪些具体的行为动作，当然也就讲不出来；二是萃取对专家而言是能力的升华过程，本身就很有挑战，需要经过深度反思和提炼才能实现。

其次，在深度访谈的过程中，专家一般也不可能完整、细致地还原全部的行为和思维细节，而只能概括地介绍故事要点，这种沟通模式不是专家特有的，而是人类共有的。然而，不能够还原细节，就无法萃取出可以复制的工作方法。

最后，即使还原了专家的全部行为和思维细节，如何判断哪些属于常规方法、哪些是专家独有的经验也很难操作。如果不熟悉萃取的通用方法论和已有业务流程，就很难判断。

技术难点3：萃取整合难

下面我们结合 2.1 节中的第二个案例——价格异议来分析为什么说萃取整合难。通过对不同专家进行访谈，我们了解了高端产品价格异议产生的原因有三个：对品牌价值不认可、对高端品牌倡导的生活方式不认可、常规砍价。为了解决这些问题，我们需要优化服务销售流程，将三维销售理念（品牌销售+生活方式销售+产品销售）落地。那么，应该如何做呢？

- 第一种选择：优化新客户有需求这个销售场景的服务销售模式，将品牌销售动作和生活方式销售动作融合到对新客户的接待流程中。
- 第二种选择：全面优化销售方法论，即使老客户到店，也需要强化其与品牌的关系，向其推荐新品类和新生活方式的理念。

经过分析，这两个层面都需要优化，也就是该高端男士内衣品牌的销售方法论和销售方法论在不同场景下如何应用都需要优化。

然而，完成这个萃取整合任务并不容易，需要搞清楚性价比高的产品和高端产品的客户购买心理及决策模式的不同，深入理解销售高端产品的通用方法论，结合内衣产品的购买规律，整合不同专家的经验和教训，通过多轮迭代进行完善才能输出合格的组织经验。

将不同专家的经验整合为可以复制的方法，需要有丰富的理论知识，需要掌握萃取的方法和技术，需要多次的设计修改，这样才能保证萃取的组织经验有含金量，这也是萃取整合的难点所在。

运营难点 1：业务部门管理者和专家的投入度不高，如何激发

向内部专家学习，萃取高质量的组织经验，在企业内外部进行知识经营，是非常有价值的组织学习手段。这往往由公司一把手提出要求，企业大学或培训部门负责推动案例库建设、岗位知识地图建设等工作，然而实际执行中的挑战很大。组织经验萃取需要业务部门多位专家安排足够的时间接受深入访谈，之后还需要专家研讨萃取成果、推广萃取成果、录制在线课程等。专家是企业的业务骨干，承担了关键性的工作，需要在业务部门管理者

的协调下才能挤出时间。同时专家是否愿意将自己的经验分享出来也是需要考虑的问题，不是每个专家都有分享的意愿。因此，激发业务部门管理者和专家的参与积极性就非常关键。如果只采取定制度、下指标、评比考核这种管理方式，各部门就会提交应付性的案例成果、组织经验成果，然后就会出现成果数量众多、质量很差、无法推广的局面。

如何解决这个问题呢？肯定不能采取行政命令的方式，而要采取试点模式，通过精选项目，将业务发展的需求、专家的重点工作和一线员工的需求整合起来，将萃取和推广整合起来，在某些业务部门获得成功后，再全面推广。例如，软件公司在交付大量项目时，其业务的重点目标是提高按时交付率，保证在客户满意的前提下获得足够多的利润。然而，软件项目交付延期是常态，超成本也是常态。因此，软件公司应找到业内最优秀的项目经理，挖掘他们是如何保证交付周期的，总结出项目交付中各阶段的关键风险点和应对措施，用来培训其他项目经理。软件公司选择这个萃取主题就符合业务发展、专家的重点工作和一线管理者的共同需求，自然就能解决动机问题。某公司希望能够从产品销售转向方案销售，从而增强客户黏性，提升盈利水平，于是在大客户销售团队的年度重点考核指标中增加了方案销售这个指标。萃取本公司方案销售的经验就能够同步满足业务领导、专家和所有销售代表的需求，自然也能解决动机问题。

运营难点 2：推广见效难

即使有了合格的组织经验，要实现组织能力的提升，企业也面临着巨大的挑战。

- 专家愿意分享吗？即使专家愿意分享，可是许多专家会干不会说，把专家培养成为优秀的分享者、培训师也并不容易。
- 组织能力的提升容易实现吗？即使把专家经验提炼成为可以复制的工作方法，从培训角度看，是否能让所有在职员工都学会这种工作方法也是一个巨大的挑战。
- 绩效提升能够实现吗？即使员工学会了提炼出来的工作方法，如果有些萃取成果的成功标准发生了改变，那么绩效考核是否支持、上级是否认同这种改变也是需要考虑的事情。有些方法论的落地需要得到特定设备、工具、软件的支持，现有条件是否满足？如果不满足，谁来负责落实？

组织经验推广的目的是提升组织能力和组织绩效。那么，推广工作就不仅是课程开发工作（依据组织经验开发面授课程、电子课程）和培训工作（组织新员工、在职员工参加培训），还是一个团队的能力提升项目，或者是变革推动项目。从需要投入的时间和精力看，萃取工作与推广工作的比例可能是 1:10，或者更高。

如何迎接上述三个挑战呢？这就需要企业拥有系统化的萃取方法论框架、有效的萃取技术和以终为始的推广模式。接下来的 2.3 节、2.4 节会介绍萃取技术如何升级，以及萃取方法论框架是什么。第 3 章会详细介绍萃取过程及关键技术，第 4 章会详细介绍如何做好推广工作。

2.3 萃取技术：从 1.0 到 3.0

萃取的本质是把专家如何界定问题和解决问题的"高级套路"梳理出来。那么，用什么技术做萃取？具体成果的展现形式如何？结合多年的实践，笔者提出了萃取技术的升级路径——从 1.0 到 3.0，如图 2-2 所示，这三种萃取技术体现了三种不同的人力资源开发假设。

萃取3.0技术	• 如何用"手+脑+心" • 行为分析+认知分析+角色使命分析
萃取2.0技术	• 如何用"手+脑" • 行为分析+认知分析
萃取1.0技术	• 如何用"手" • 行为分析

图 2-2 萃取技术的升级路径

作为管理者，为了激励下属，需要适时表扬或赞赏他们。下面结合一个通用任务来分析如何才能做好表扬或赞赏。

萃取1.0技术：如何用"手"——行为分析

案例分析：门店进社区做得好如何表扬

银行、药店、电信营业厅等企业的门店，为了更好地服务社区，也为了更好地获得客户，都在开展社区营销活动，而获得社区的许可是开展这项工作的前提。某个门店附近有一个高档社区，店长和社区的物业沟通了好几次，对方都以社区管理严格为由拒绝了。于是店长就换了一个角度思考，决定找出对小区物业最有影响力的个人或组织，结果发现对物业最有影响力的是社区居委会。可社区居委会的负责人年纪比较大，自己并不认识，找谁牵线呢？店长发现自己的母亲和社区居委会负责人认识而且年龄相仿，可以为自己牵线联系。下一个问题又出现了，用什么理由把社区居委会和物业联系起来呢？店长发现社区有一项15分钟服务圈便民工程，就是社区居委会要帮助相关小区同各种步行15分钟内的服务机构建立联系。于是店长通过母亲牵线拜访了社区居委会负责人，以15分钟服务圈便民工程为切入点，说服其帮助自己开展社区营销活动。这样，该门店与周边多个小区的物业建立了联系，不仅可以在适当时间进入社区举办一些便民活动，而且通过物业把相关服务海报张贴到了每个居民楼里，吸引周边居民到门店来。通过采取这些行动，该门店获得了大量的社区客户，业绩也提高了很多。督导经理在巡店考察中了解到相关情况，觉得这个店长做得非常棒，就想表扬、赞赏他。

督导经理应该如何做呢?

一般督导经理的表扬是这样的:

- "兄弟,你干得真棒!""你干得真漂亮!"
- "××店长,社区营销做得非常好,绝对比其他店高一个层次。"
- "兄弟,别人一次搞定一个社区就不容易了,你这一次搞定了好几个,真牛!"

优秀督导经理是这样表扬的:

"听了你的介绍,我发现你掌管的门店与一般门店相比,在做社区方面有四个不同:一是走不通物业,就转向对物业有影响的社区居委会;二是自己不认识社区居委会的人,就找与社区居委会有联系的人;三是不从简单的利益交换角度切入,而是从帮助社区居委会和小区物业共同服务好居民的角度切入;四是不仅在短期内能进社区搞活动,还把海报张贴到每个楼,降低了长期获客的成本。这么做的最大价值就是我们和社区居委会及各小区物业之间有了长期建立联系的载体——15 分钟服务圈便民工程,因此也就能从工作和个人两个维度建立联系,长期开展社区营销,竞争对手想抢也不太容易了。你做得非常周全,发展关系能够从帮助对方提升工作能力的角度切入,获客能兼顾短期利益和长期利益,而且能够批量化开发小区。你干得实在太棒了,我要把你的这种做法作为范例推广到其他门店去。"

如果你是这个店长,更愿意接受哪种表扬方式呢?相信一定是后面这种。那么，这种表扬方式的关键点在哪里呢？许多管理技能课程都介绍了表扬／赞赏四部曲这种方法，具体要点如表 2-7 所示。

表 2-7 表扬／赞赏四部曲

步　骤	示　例
行为：具体、明确地指出员工的优秀事迹与行为细节	发现你掌管的门店和一般门店相比，在做社区方面有四个不同：一是走不通物业，就转向对物业有影响的社区居委会；二是自己不认识社区居委会的人，就找与社区居委会有联系的人；三是不从简单的利益交换角度切入，而是从帮助社区居委会和小区物业共同服务好居民的角度切入；四是不仅在短期内能进社区搞活动，还把海报张贴到每个楼，降低了长期获客的成本
影响：员工的优秀事迹和行为细节所带来的影响	这么做的最大价值就是我们和社区居委会及各小区物业之间有了长期建立联系的载体——15 分钟服务圈便民工程，因此也就能从工作和个人两个维度建立联系，长期开展社区营销，竞争对手想抢也不太容易了
品质：说明行为反映了员工哪方面的品质	你做得非常周全，发展关系能够从帮助对方提升工作能力的角度切入，获客能兼顾短期利益和长期利益，而且能够批量化开发小区
鼓励：告诉员工他干得很棒，为此你很高兴，可以鼓掌、握手或拍肩膀等，以此表示你对员工的认可	你干得实在太棒了，我要把你的这种做法作为范例推广到其他门店去

什么是行为分析

什么是行为分析？《ISPI 绩效改进指南》给出的定义是："行为任务分

析主要关注员工在成功执行系统的某一具体任务中可以观察到的行为。它将注意力主要集中在完成任务应该做的或必须做的活动上,其焦点在于识别具体的输入、活动、输出。"简单理解,行为分析就是搞清楚专家做法和常规做法有什么区别,并且将专家做法转化为具体可执行的步骤、动作、话术等。表 2-8 就按照这个定义展现了表扬／赞赏四部曲的行为要点。

表 2-8 表扬／赞赏四部曲的行为要点

行动步骤	行为要点
行为	具体、明确地指出员工的优秀事迹与行为细节
影响	员工的优秀事迹和行为细节所带来的影响
品质	说明行为反映了员工哪方面的品质
鼓励	告诉员工他干得很棒,为此你很高兴,可以鼓掌、握手或拍肩膀等,以此表示你对员工的认可

当然,现在生产一线的操作岗位都不用这种只有行为要点的模板了,表扬／赞赏这种管理任务更不能用这种模板,这里只是为了对比说明三种萃取技术的不同点。那么,用这种层次的萃取成果来培训新员工有什么优缺点呢?

- 优点:标准化程度高,可以降低对员工的学历要求。
- 缺点:只有行为动作,没有原理说明,员工不了解为什么要这样做,只能机械模仿,初始学习效率低,在实践中因不懂原理也无法调整方法处理不同的问题。

从人力资源开发的角度来看,这种萃取成果只能支持开发员工的体力资源，对应的培训模式也只能是"示范—练习—反馈"。这种培训模式只教给员工如何做事，而没有告诉他们为什么这样做。换句话说，这种培训模式只是在培养"机器人"。

卓别林主演的电影《摩登时代》就展现了人像机器一样工作的场景：工人围绕着流水线，按照标准节奏和标准化动作要求完成机械的加工动作。这种模式在工业化初期对生产效率提升非常有帮助：工人围绕着流水线开展工作，减少了大量无效时间（搬运加工件、寻找工具等）；每个人只需完成极少数工序，就会大幅缩短培训周期，节约培训成本；按照标准化动作要求作业，保证了每个工序的质量和效率。福特汽车创始人亨利·福特曾经做过详细分析：

> "结果我们发现670项可由无腿的人干，2360项可由只有一条腿的人干，2项可由无手臂的人干，715项可由只有一条手臂的人干，10项能由盲人干。这样，在7882项工作中，有4034项——虽然其中的一些需要力气——并不需要完全的身体能力。"

从工业发展的历史过程来看，确实有资本家把工人当成工作机器。"本来只想雇一双手，每次来的都是一个人"，这句话精准地体现了这种价值观。电影《摩登时代》展现了西方工业化初期穷苦工人的生存状态。

可是，现在已经是21世纪了，随着劳动者受教育水平的逐渐提高，劳动者对工作的期待已经发生了巨大变化。从生活水平看，绝大多数中国人已经不存在温饱问题，而是为了提高生活质量而努力。从成本角度看，许多低端劳动密集型工作逐步被机械化、自动化、智能化技术替代，所以把人当机器的时代已经过去了，也没有人愿意被当成机器。因此，从培训角度看，培训师只教给大家如何做已经不够了，员工自然就会问原理是什么，以及为什么要这样做。

萃取 2.0 技术：如何用"手+脑"——行为分析+认知分析

接着上述案例进行分析。在学习了表扬／赞赏四部曲之后，我们就会自然而然地询问下面的问题。

- 为什么表扬／赞赏要聚焦在具体行为而不是结果上？好的结果有可能是行为表现好带来的，也有可能是运气好带来的，如果表扬／赞赏聚焦在结果上，被表扬者很容易误解你只关心业绩。表扬／赞赏的目的是让员工的优秀行为重复出现，因为从长期来看，这些优秀的行为（采用更好的工作方法、更专注的工作状态、更系统的思维方式、敢于迎接挑战的勇气等）可以使员工的绩效更高，使员工有成长的感觉，在短期和长期内都会有价值，所以表扬／赞赏要聚焦在具体行为上。

- 为什么采取行为、影响、品质、鼓励四步？心理学中的归因理论将人类解释事情成败的原因分成内归因和外归因两种类型。内归因是指将事情的成败更多归因于自身的努力和方法改善等内在因素，因而当遇到挫折时，我们会从自身找原因，即使成功也会找出主客观原因，然后将主观原因中好的部分持续，将需要改善的部分努力改善。外归因是将事情的成败更多归因于外在因素，如环境、命运等，成功了是因为命好，不成功是因为命不好，因此会更大概率地放弃努力。表扬/赞赏四部曲分为行为、影响、品质、鼓励四个步骤，聚焦在可控行为上，明确了行为和结果的内在逻辑，品质是行为背后展现的内在美好人格特质，这种模式强化一种内在信念——可以通过优秀行为获得业绩增长和能力提高。因此，这种可控的优秀行为就有更高的概率得到坚持。

- 对管理者有什么影响？站在管理者的角度看，即使被表扬者的内心非常强大，自驱力非常强，具体、明确、真诚的表扬/赞赏也会让被表扬者感受到自己被真心认可，因为他的用心和付出全部被看到了。如果管理者不专注、不认真，是不可能做到这一点的。而"你真棒！干得真漂亮"会被认为在讲套话、走流程。因此，真诚的表扬/赞赏会强化下级对管理者的信任。

根据上面的分析，将表扬/赞赏四部曲整合以后，得到表2-9所示的具体成果。

表 2-9 整合后的表扬／赞赏四部曲

项　　目	具　体　阐　述
目的	• 让员工的优秀行为重复出现 • 让员工感受到管理者对自己的真心认可，强化信任关系
误区／"雷区"	• "你干得真棒""你干得真漂亮"这样的套话会使员工感觉到管理者在敷衍自己，不仅不会强化信任关系，反而可能会让员工瞧不起管理者 • 只认可结果，会让员工感觉到管理者只关心业绩，而不关心自己的努力和付出，这种表扬和认可对深化信任关系没有太大帮助，员工的优秀行为重复出现的概率也很难把握
专家做法	表扬／赞赏四部曲 • 行为：具体、明确地指出员工的优秀事迹与行为细节 • 影响：员工的优秀事迹和行为细节所带来的影响 • 品质：说明行为反映了员工哪方面的品质 • 鼓励：告诉员工他干得很棒，为此你很高兴，可以鼓掌、握手或拍肩膀等，以此表示你对员工的认可 执行要点 • 要具体：表扬／赞赏要聚焦在具体的优秀行为上（采取了更好的工作方法、保持更专注的工作状态、采取更系统的思维方式、具备敢于迎接挑战的勇气等。） • 要及时：当优秀行为及结果出现时，要及时表扬／赞赏，及时的反馈和确认可以促成优秀行为的重复发生 • 要真诚：在书面表扬时写出细节能够展现出真诚，在当面表扬时也要有真诚的态度
原理	• 聚焦在行为上属于典型的内归因。通过"行为—影响—品质"展示优秀行为和优秀结果的内在逻辑关系，以及支持这种优秀行为的内在优秀品质，可以帮助被表扬者强化内归因，从而把优秀行为保持下去 • 具体、真诚、逻辑清晰的表扬和认可，展现了管理者关注员工、认真细心的工作作风，可以强化上下级之间的信任关系

在表扬／赞赏四部曲的基础上，如果管理者能够明确这样做的目的，以及这种行为模式的有效原理，那么员工的学习效率会更高，也更容易结合具体情况灵活应用。上述的分析过程就是认知分析。

什么是认知分析？《ISPI 绩效改进指南》给出的定义是："认知任务分析旨在描述或分析产生具体行为的心理现象，其焦点在于心理表征、潜在的知识结构和做出决定及采取行动的信息处理活动。"如果用通俗的语言描述，认知分析就是搞清楚为什么专家的做法是有效的，以及专家是如何分析因果关系、如何做决策的。学员在理解原理的基础上才能更精准地把握行为要点，才能在具体工作中适当地调整和创造性地应用。

随着社会的发展，越来越多的人成了知识工作者，他们需要具备足够的理论知识，在工作中需要根据具体任务场景对工作方法进行调整或创造性的应用。即使是传统意义上的蓝领工人，现在也需要学习更多的专业知识。例如，传统的汽车维修工依靠的是动手维修，现在汽车电子化、智能化、集成化水平越来越高，汽车维修工更关键的能力是诊断，在利用电脑和实践经验进行诊断后再进行零部件的更换。传统车工、铣工等各种操作工，现在要学习越来越多的编程知识，因为使用的设备在朝着数字化、智能化的方向发展。

所以，萃取 2.0 技术既要做专家行为分析，又要做专家认知分析，就是把专家的做法及其背后的原理或决策依据找出来。从人力资源开发的角度来看，"行为分析+认知分析"获得的萃取成果可以支持开发员工的体力资源和智力资源。换句话说，这种模式在本质上是在培养"人工智能人"。如何理解这一点呢？人工智能的本质是利用大数据做出更快、更准的分析决策。开发员工的智力资源，在本质上是在提高员工的分析能力和判断能力，这和开发人工智能的目的类似。所以，萃取 2.0 技术背后的人力资源开发假设实际上是在培养"人工智能人"。

然而，我们愿意成为"人工智能人"吗？或者说只培养"人工智能人"足够吗？

萃取 3.0 技术：如何用"手+脑+心"——行为分析+认知分析+角色使命分析

许多企业按照上述内容对管理者进行了培训，他们通过模拟练习也展示出会使用表扬/赞赏四部曲这种方法。那么，他们在具体实践中表现如何呢？经过调研发现，管理者在具体实践中经常遇到以下问题：

- 很难看到员工值得表扬的地方，相比之下，更容易看到员工的不足之处。
- 一不小心就把表扬变成了批评。许多管理者经常在表扬后面加上"但是，还有某某问题需要加强"这段话，并且这段话用的时间更长，语气更重，让员工感觉之前的表扬成了批评的铺垫。有些年轻的员工不接受这种方式，就会直截了当地说："领导，有啥做得不好的地方只管说，不用铺垫。"

为什么会出现这些问题呢？专家为什么总是能够看到别人的优秀行为，并且能够发自内心地、真诚地表扬/赞赏呢？这就需要我们进一步访谈专家，挖掘是什么样的动机和信念在为专家做支撑？在经过深入访谈后我们发现，普通人做不到而专家能够做到的根本原因如下。

- **精准定义什么应该值得表扬/赞赏**。在中国的文化环境中，许多人认为只有杰出、完美的表现才值得表扬。许多人有过这样的童年：你考了 97 分，家长会问"那 3 分去哪儿了"；你一科考了 100 分，家长会问"另外几科呢"；如果你文化课都考了 100 分，家长会问"体育和道德呢"；你被评上了三好学生，家长会问"你的艺术特长呢"。我们经常听到的是"你怎么不向××同学学习"，于是在人们的脑海中出现最多的是"邻居家的好孩子"，而不是"自己家的好孩子"。在潜移默化中，许多人形成了只有杰出、完美的表现才值得表扬的潜意识。在成年后许多人带着这种潜意识进入职场，以完美为标准，自然就很难看到别人可以被表扬的地方，自然就会出现"××地方做得不错，但是……"这种看似表扬实则是批评的表达方式。专家认为，表扬/赞赏的关键是要看到每个人的进步：犯的错误减少是一种进步，第一次完成某件事是一种进步，将一件事做得比以前好也是进步，勇于突破和担当是更大的进步。持续的进步才是每个人成为卓越人才的关键，才是使每个人成为最好的自己的关键。一个人只有真正进步了，才能稳定地提高绩效，才能实现内心的满足感。所以，表扬/赞赏的关键是要看到每个人有什么样的进步，以及进步带来的正面结果是什么。

- 深入理解表扬/赞赏的价值。许多人认为表扬多了，会让人产生骄傲感，进而会停止前进的脚步；而批评会使人看到差距和不足，产生谦虚感而继续努力。专家认为成长进步的核心不是浮在表面的表扬或批评，而是具体的进展，以及其带来的自我肯定。从人性的角度看，大部分人"从一个成功走向另一个成功"，更准确地说，是"从一个进步走向另一个进步"。所以，用认可替换掉表扬/赞赏，管理者会更容易认同这个管理动作的价值。

- 对自身角色使命的坚守。和关心人相比，许多管理者更关心事，而一个优秀的管理者两者都关心，许多优秀管理者对自己角色使命的定义是"成就事+成就人"。"成就事"是指在明确部门内外部客户的基础上，不仅要从考核指标出发，还要向客户需求看齐、向战略看齐，创造出卓越业绩。"成就人"是指在优秀管理者眼中，员工不是工具，不是伙计，而是能够支持自己"成就事"的伙伴。管理者要促使他们发挥特长，支持他们的成长，这不仅是实现绩效目标的手段，也是管理者的角色使命。如果把员工当成伙伴而不是伙计，管理者就能给予他们挑战性任务，也能看到他们的努力、成长和付出，自然而然就能够表达出自己对他们的认可。

通过上述分析，我们可以明确，要想做好表扬／赞赏，管理者要把员工当成伙伴而不是伙计，不仅要成就事，还要成就人。同时，管理者要认识到表扬／赞赏的重点在于看到员工的进步和成长，重点是和过去比，而不是和完美标准比。结合上述分析，表 2-10 展示了对如何做好表扬／赞赏的深度分析。

表 2-10 对如何做好表扬／赞赏的深度分析

项 目	具 体 阐 述
目的	• 让员工的优秀行为重复出现 • 让员工感受到管理者对自己的真心认可，强化信任关系
应用时机	• 当员工有进步时，管理者要及时给予认可或表扬，例如，第一次完成某件事、将一件事做得比以前好、能够兼顾短期和长期业绩、勇于突破和担当等
误区／"雷区"	• "你干得真棒""你干得真漂亮"这样的套话会使员工感觉到管理者在敷衍自己，不仅不会强化信任关系，反而可能会让员工瞧不起管理者 • 只认可结果，会让员工感觉到管理者只关心业绩，而不关心自己的努力和付出，这种表扬和认可对强化信任关系没有太大帮助，员工的优秀行为重复出现的概率也很难把握
专家做法	表扬／赞赏四部曲 • 行为：具体、明确地指出员工的优秀事迹与行为细节 • 影响：员工的优秀事迹与行为细节所带来的影响 • 品质：说明行为反映了员工哪方面的品质 • 鼓励：告诉员工他干得很棒，为此你很高兴，可以鼓掌、握手或拍肩膀等，以此表示你对他的认可

续表

项　　目	具 体 阐 述
专家做法	执行要点 • 要具体：表扬／赞赏要聚焦在具体的优秀行为上（采取了更好的工作方法、保持更专注的工作状态、采取更系统的思维方式、具备敢于迎接挑战的勇气等。） • 要及时：当优秀行为及结果出现时，要及时表扬／赞赏，及时的反馈和确认可以促成优秀行为的重复发生 • 要真诚：在书面表扬时写出这些细节能够展现出真诚，在当面表扬时也要有真诚的态度
原理	• 聚焦在行为上属于典型的内归因。通过"行为—影响—品质"展示优秀行为和优秀结果的内在逻辑关系，以及支持这种优秀行为的内在优秀品质，可以帮助被表扬者强化内归因，从而把优秀行为保持下去 • 具体、真诚、逻辑清晰的表扬和认可，展现了管理者关注员工、认真细心的工作作风，可以强化上下级之间的信任关系
角色动机	• 认知角度：认可、赞赏要聚焦在进步上，而不是卓越、完美的表现上，因为大部分人是"从一个成功走向另一个成功"的 • 角色使命：管理者不仅要成就事，还要成就人。员工是伙伴，不是伙计。管理者只有认同这样的角色使命，才会重视员工的成长，才会给予员工成长的机会，才会看到员工的努力和进步，才能真诚自然地认可员工

什么是角色使命分析？角色使命分析就是要挖掘专家按照卓越的绩效标准持续努力精进背后的底层驱动力是什么。每个企业对使命的描述不同，但本质都是一致的，都是为客户创造独特价值，那么这个共同使命如何落地呢？不同部门、不同专业岗位的员工在这个共同使命下的角色使命分别是什么呢？专家的特征是**在自己的领域内认为这个世界应该是什么样子的**，

而且通过自己的努力让世界成为这个样子。这就表明专家通过自己的实践，不仅明确了角色使命，而且让角色使命与解决具体问题的方法实现了有机融合。

所以，萃取 3.0 技术既要对专家做行为分析，也要对专家做认知分析，还要对专家做角色使命分析。按照萃取 3.0 技术获得的萃取成果是整合了专家的做法、思维方式和角色使命的系统化方法。这种水平的萃取成果能够支持同步开发员工的体力资源、智力资源和心力资源。当然使用这样的萃取成果培养人才，也不可能把所有人都培养成卓越的专家。在使用这样的萃取成果培养人才的过程中，每一个学员都被当成一个完整的人在培养。只有这样，学员才有机会全面、完整地向专家学习，培训工作才有机会实现双重赋能：既赋予学员能力，又赋予学员能量。

如何应用萃取 3.0 技术呢？本书在第 3 章中会具体展开。

小结：三种萃取技术的特征及价值（见表 2-11）

表 2-11　三种萃取技术的特征及价值

迭代过程	特征及价值
萃取 1.0 技术	通过研究专家行为，分析萃取得到的 SOP（标准作业流程），然后通过训练、辅导、稽核等方式进行人才培养。然而，此种水平的组织经验主要开发员工的体力资源，只能培养出"机器人"

续表

迭代过程	特征及价值
萃取 2.0 技术	不仅研究专家是如何做事的，还要研究专家做法背后的原理与决策依据。通过"行为分析+认知分析"，得到流程、步骤、方法、工具、模板、原理、决策依据等。此种水平的组织经验不仅开发员工的体力资源，还开发智力资源，可以培养出"人工智能人"
萃取 3.0 技术	在萃取 2.0 技术的基础上进一步研究顶级专家卓越表现背后的角色使命和角色信念，通过"行为分析+认知分析+角色使命分析"，将使命价值观和业务方法论融合。此种水平的组织经验能够开发员工的"体力资源+智力资源+心力资源"，能感召和培养出"全人"

随着社会经济的发展，消费者越来越需要高品质、有创意、有文化内涵的产品和服务。为了提供这种产品和服务，无论是组织学习还是个人学习，无论是向外部标杆学习还是向内部榜样学习，都需要手、脑、心全面学习。作为学习的核心知识载体，组织经验就需要按照萃取3.0技术的水平进行萃取，将专家的手、脑、心全面整合输出，这样才能满足时代的需求。

2.4 萃取方法论框架

日本知识管理专家野中郁次郎、竹内弘高的"知识创造螺旋"在知识管理领域中的应用非常广泛。如图2-3所示，知识创造螺旋包括创始场、对话场、系统场、练习场4个环节，这4个环节呈螺旋上升的状态。

图 2-3　知识创造螺旋

1. 创始场。新知识总是源于小部分人的创造，他们根据经验、直觉，或者持续的研究提出了解决问题的新创意、新方法等。这些创意和方法是隐性知识，在传统师徒制模式下，徒弟长期与师傅在一起工作，在潜移默化中可以学到，然而大范围推广难以实现。

2. 对话场。通过深度访谈、深度反思，就能够将一部分专家的独有经验（隐性知识）提取出来，使之成为可以分享、交流的显性知识。

3. 系统场。把多个专家的个人经验萃取、升华，生成系统化、标准化的知识。

4. 练习场。系统化的显性知识就是本书所讲的组织经验。通过培训、模拟、实践推广，让数量众多的普通人通过学习实践将这些知识转化为自己的能力，并且在持续实践中进一步优化创造，形成新的经验（新的隐性知识）。

通过这 4 个环节的螺旋上升，知识的含金量持续提升。

组织经验萃取包括第 2、第 3 两个环节的任务：使专家的隐性知识显性化和使显性知识系统化。组织经验推广是第 3 个环节的任务。为了方便理解，笔者参考金属冶炼类比说明了组织经验萃取会经过哪些阶段，以及每个阶段的关键点是什么，如表 2-12 所示。

表 2-12　金属冶炼与组织经验萃取的类比关系

项　　目	金　属　冶　炼	组织经验萃取
明确目标	要冶炼哪种金属	要萃取哪种组织经验：任务／场景
找矿	在开采前要先找到矿脉，而且最好是含量高的富矿	要找到真正的专家，他们的经验最丰富，也最有价值
采矿	把真正有用的矿石开采出来，并做初步处理，使之成为可交易的初级产品	通过深度访谈、实地观察等手段把专家的个人经验挖掘出来，通过专家分享或撰写典型案例就可以传播
精炼	通过精炼流程提取出高纯度的金属	通过系统化、可视化、口诀化等方式将多个专家的个人经验提炼成可以复制的流程、步骤、工具、方法、模板、专利等

通过上述对比分析我们可以看出，萃取的核心是两个阶段：先把每个专家的经验挖掘出来（开采矿石），再把多个专家的经验进行系统化、标准化的梳理（通过精炼提取出高纯度的金属）。

萃取 3.0 方法论框架引导案例

隐性知识显性化和显性知识系统化定义了萃取的核心工作。然而，具体如何操作还需要系统化的方法论做指导,下面结合一个实际案例做整体介绍。

第一步:选场景

在 1.3 节中,我们把高端产品的门店销售分为行业、企业、员工三个层面的场景,如表 2-13 所示。其中,员工具体面对的老客户有需求这个场景是否值得萃取呢?由于这家公司重点服务高端客户,且客户的数量较少,同时内衣消费偏感性,因此服务好老客户,深挖老客户的需求是必须做好的工作,该场景值得萃取。

表 2-13 高端产品的门店销售场景

场景层次	举例
行业场景	国产高端产品门店销售
企业场景	某高端男士内衣品牌门店销售
员工场景	老客户有需求
	老客户没需求
	新客户有需求
	……

第二步:定标准

为什么不直接研究专家做法,而要先定义成功标准呢?请看下面真实的销售过程:

在春节前，一个中年男子径直走进店里，走向基础内衣。员工跟上他，问："先生您好，想看什么？"答："背心。"指着白色宽肩的挂样说："就这款，帮我拿两件中码的。"员工取出两件新的，开始开票，问："先生还有其他需要吗？"答："没有。"开票，交钱，取货走人。

店长或者督导经理如何评价该员工的工作？如果满分是 10 分，应该给几分？

- 10 分：从客单价角度看，2 分钟完成销售额 1000 多元，很棒。
- 6 分：销售服务流程都按标准做了（问好、探询需求、取货、附加销售、收银），附加销售没有成功，有点儿遗憾。
- 3 分：没有体现出价值，也挑不出毛病，马马虎虎给点儿分。
- 0 分：在这种情况下，即使没有员工也可以成交，所以给 0 分。

那么，到底应该打多少分，怎么做才算体现了员工的价值？我们通过对销售专家进行调研发现，他们认为接待有需求的老客户的成功标准有两条：一条标准是强化客户与品牌的关系以及客户与员工的关系；另一条标准是扩大连带（引导客户体验新品类，培养多品类消费习惯，增强客户对产品的黏性）。为什么是这两条呢？内衣类产品的消费频率非常高，一年有四季，每季都有需求，即使内衣类产品的客单价再高，比起客户的终身价值也小很多，所以必须以培养忠诚客户为目的。因此，接待有需求的老客户的成功标准就是培养忠诚客户，实现关系进展和新品类尝试。按照这个标准，上面案例中的员工只能得 0 分。

第三步：找挑战

按照上述两条成功标准，接待有需求的老客户的难点是什么呢？难点主要有两个：一个难点是客户目标明确，行色匆匆，如何找机会强化关系；另一个难点是客户大多是成功人士，自主意识很强，如何让客户有兴趣再看其他产品。专家克服这两个难点的方法就是最有价值的经验。后续的访谈和萃取也要围绕着这两点展开。

第四步：讲故事

聚焦这个场景和成功标准，我们邀请销售专家分享克服上述难点的成功案例和遗憾案例，并挖掘专家的具体做法、话术、理由等。

第五步：炼纯金

经过梳理多个专家案例展现的做法和原理，得到组织经验萃取成果，如表 2-14 所示。

表 2-14 组织经验萃取成果示例

项目	具 体 阐 释
任务场景	• 老客户有需求
成功标准	• 强化客户与品牌的关系以及客户与员工的关系 • 扩大连带：引导客户体验新品类，培养多品类消费习惯，增强客户对产品的黏性
优势	• 客户对品牌、产品已有一定的信任，才会再次来购买

续表

项目	具 体 阐 释			
挑战	• 客户目标明确，行色匆匆，如何找机会强化关系 • 客户大多是成功人士，自主意识很强，如何让他们有兴趣再看其他产品			
新手"雷区"	• 按照标准流程接待，像接待新客户			
优化后的工作方法				
步骤	活动/行为	工具/方法	依据/理由	角色信念
开场	• 第一时间认出老客户 • 个性化欢迎：参考话术"×先生，欢迎您再次光临，这都有××时间没见您了" • 品牌连接：参考话术"上次您买的××产品穿着感觉怎么样"	• 要在客户第一次成交后整理客户档案：客户姓氏、特征、购买产品的类型和规格等信息 • 空闲时经常复习，在脑海中强化客户模样，确保第一时间认出客户 • 不要依赖CRM系统，当客户上门时CRM系统不会告诉你他是谁	• 个性化欢迎会拉近员工与客户的关系，让客户感觉到再次购物与第一次来不一样 • 一般男士只有用得满意才会再次来购买，因此在询问已购产品用得如何时，大部分客户的答案是"不错"。当客户说这句话时，闪现的是对产品和品牌的好感，因而强化了客户与品牌的关系 • 在客户与员工的关系和客户与品牌的关系都被强化后，客户的愉悦感会加强，客户就会放松一些，和员工多一些交流，并且考虑其他产品的概率也会提高	• 动机：目标是培养忠诚客户 • 信念：男人工作很辛苦，内衣穿得舒服一些是对他们的关照。只有确保穿过的内衣舒服，他们才愿意接受新的品类

续表

步骤	活动/行为	工具/方法	依据/理由	角色信念
探询需求	不需要,客户需求明确	(略)	(略)	
推荐产品		(略)	(略)	
做连带	(略)	(略)	(略)	

第六步:做验证

组织销售经理、其他销售专家和一线员工共同研讨萃取的方法是否更加高效,是否可执行,是否符合企业文化要求。在验证后才可以开始推广。

● ●

萃取 3.0 方法论框架的核心

结合上述案例分析,接下来介绍萃取 3.0 方法论框架,其核心是三角色、两阶段、六步骤,如图 2-4 所示。

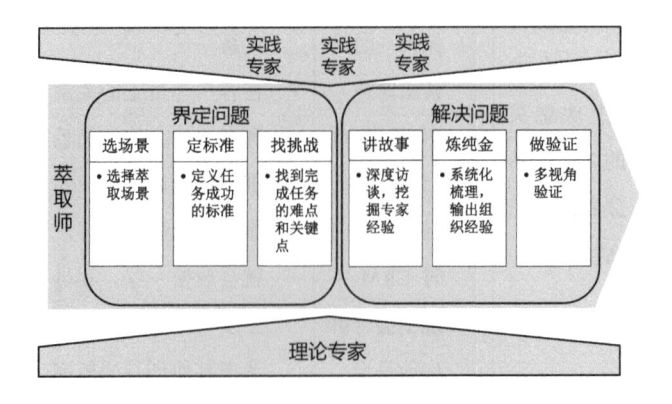

图 2-4 萃取 3.0 方法论框架

三角色：实践专家+萃取师+理论专家

实践专家的作用与价值是显而易见的，他们拥有独特经验。萃取师的价值也很明确，他们能够运用专业的流程、方法、工具，提高萃取效率和质量。理论专家的独特价值是什么呢？组织经验是在常规方法论的基础上为了应对不同任务场景的独特挑战而进行的方法论的优化升级，因此理论专家的价值是提供通用理论和方法论。在上述案例中，理论专家可以提供客户购买高端产品的心理及决策模式，以及对应的销售方法论，这样我们就可以在高端产品销售模式的基础上萃取"老客户有需求"这个销售场景的组织经验了。

两阶段：界定问题+解决问题

先举一个小例子。在产品推荐中，员工经常会利用名人做广告："您看的是最新款，上周某位知名演员刚刚买了。"这位知名演员演艺生涯中最辉煌的时代是20世纪90年代，然而现在是21世纪20年代，高端产品的主力消费人群为"80后""90后"，因此有些年轻客户就会诧异地问："你说的知名演员是谁啊？"所以在利用名人做广告之前要先搞清楚你想影响哪个年龄段的客户，还要搞清楚自己推销的产品是传统型产品还是时尚型产品，这样才知道哪个年龄段、哪种风格的名人适合为产品代言。这是比较简单的先界定问题、再解决问题的方法。

表2-14所示的组织经验萃取成果示例中的任务场景是老客户有需求，

员工还会碰到老客户没需求、新客户有需求和新客户没需求等场景，每一个场景的成功标准是不同的，挑战也是不同的，因此对应的销售方法也是不同的。没有接受过专业训练的人做萃取，下意识地就会把关注点放在解决问题的方法上，但是如果不界定清楚问题，就很难判断某种做法是否有效。从应用角度看，只有把问题类型和解决问题的方法的内在逻辑搞清楚，才能在实际工作中先判断遇到了哪种问题，再决定使用哪种方法。

先界定问题、再解决问题容易理解，但真正做到很难。新人往往会更关心有什么更好的技术和方法，而忽略了这种技术和方法适用的范围和条件。专家在这一点上头脑非常清晰，他们不会迷信，而是在洞察了问题本质之后，选择、整合、创造合适的方法来解决问题。因此，萃取需要分为两个阶段，即搞清楚专家如何界定问题和如何解决问题。

六步骤：界定问题三步骤+解决问题三步骤

将上面两个阶段展开，界定问题有三个步骤，解决问题有三个步骤。每个步骤的具体任务如下。

- 界定问题1：选场景。选择要萃取的任务场景，确定任务的范围、边界和起点。
- 界定问题2：定标准。精准定义每个场景任务完成的标准。标准越高、越全面，挑战越大，对方法的要求就越高。
- 界定问题3：找挑战。依据起点条件和成功标准找到完成任务的难点和关键点，萃取解决问题的方法就有了针对性。

- 解决问题 1：讲故事。邀请专家分享具有针对性的成功案例和遗憾案例，挖掘克服挑战的具体做法、决策理由及角色使命，获得专家个人经验，实现隐性知识显性化。
- 解决问题 2：炼纯金。将每个专家的个人经验整合、提纯，输出组织经验及配套的典型案例。
- 解决问题 3：做验证。邀请业务部门管理者、专家、一线员工和合规部门的同事等就组织经验的合规性、有效性、可复制性进行判断，合格才可以推广。

参照上述框架，萃取工作就有了可执行的流程和步骤，在第 3 章中，我们将会结合三个具有不同复杂度的案例，具体介绍每个步骤的操作执行要点，以及萃取 3.0 技术是如何应用的。

本章小结

- 萃取的本质是把专家如何界定问题和解决问题的"高级套路"梳理出来。
- 从知识管理角度看萃取，萃取是使专家的隐性知识显性化、显性知识系统化的过程。

- 专家的特征是在**自己的领域内认为这个世界应该是什么样子的，而且通过自己的努力让世界成为这个样子**。萃取技术从 1.0 发展到 3.0，通过行为分析、认知分析、角色使命分析，我们才能全面深入挖掘专家经验。
- 萃取 3.0 方法论框架的核心：三角色、两阶段、六步骤。

第 3 章 萃取方法论

3.1 界定问题 1:选场景

在解决问题之前,我们先需要界定问题。只有明确了任务场景、成功标准,才能准确找到完成任务的具体挑战,从而有针对性地挖掘专家经验,这样萃取的成果才有价值。

什么是任务场景

- 开车:白天开车和晚上开车的难度不一样;晴天开车和雨天、雪天开车的难度不一样;在高速路、普通城市道路上开车和在泥土路上开车的难度不一样;在平原上开车和在高原上开车的难度不一样。
- 爬山:泰山山脚海拔 150 米左右,四姑娘山山脚海拔 3800 米左右,珠峰大本营海拔 5200 米，同样是向上爬 1000 米，需要的装备、技术、气象条件、团队支持显然不同，难度也不同。

- 抽血化验：分别对年轻人、老人、婴儿进行抽血化验，其难度不同。
- 营业厅经营：新开业的营业厅和常规运营的营业厅的经营难度不一样，分别处于商业区、居民区、工业区的营业厅的经营难度也不一样。
- 开拓客户：小微企业、中等规模企业、大型企业、超大型企业开拓客户的难度不一样。

结合上述分析可以看出，对于同一类任务，虽然我们都有常规工作流程和方法，但是由于起始条件不同，面对的挑战和难度也不同，必须调整工作方法。这就是萃取第一步要先确定场景的原因。

应该如何定义任务场景呢？任务场景就是完成某项任务的起始条件或起始状态，这种起始条件或起始状态会影响任务完成难度。

"场景"这个词在互联网时代成了一个热门词语，场景是产品创新灵感的来源，吴声撰写的《场景革命》（2015 年出版）是相关主题的畅销书。在学习领域中，情境学习（Situated learning）是一个非常重要的学习理论，由美国加利福尼亚大学伯克利分校的让·莱夫（Jean Lave）教授和独立研究者爱丁纳·温格（Etienne Wenger）于 1990 年前后提出，1991 年代表书籍《情境学习：合法的边缘参与》出版。情境学习理论的核心观点是学员带着自己真实的身份，在具体应用情境中完成学习是最高效的。学习发展从业者可以从这两个维度进一步理解情境在学习中的重要性。从实践来看，任务场景和任务情境的内涵是一致的。

任务场景如何分类

在 1.3 节中，笔者对组织经验的类别做了说明，其实组织经验的分类方式也是任务场景的分类方式。

- 依据任务／主题的复杂度，任务场景分为三种：由一个人完成的岗位专业任务，由多人协同完成的团队任务，以及涉及整个企业经营管理的综合性任务。
- 依据场景的细化程度，任务场景分为三个等级：行业场景、企业场景和员工场景。

如何选场景

第一步：选方向

萃取首先要选择对业务部门、专家和目标学员都有价值的主题。图 3-1

提供了三种选择方向。

```
┌─────────┐  ┌─────────┐  ┌─────────┐
│   新    │  │   关    │  │   痛    │
└─────────┘  └─────────┘  └─────────┘
·新产品推广策   ·关键客户开拓   ·瓶颈工序改善
 略           ·关键流程执行   ·关键客户流失
·新政策执行策   ·关键项目落地   ·常见故障处理
 略           ·关键活动执行   ·投诉升级处理
·新技术应用推广  ……           ……
·新业务落地
 ……
```

图 3-1　新—关—痛模型

新

"新"包括新产品推广策略、新政策执行策略、新技术应用推广、新业务落地等。这些工作在开始推进后，会出现部分区域、部分员工的执行效果好，部分区域、部分员工的执行效果一般，部分区域、部分员工的执行效果差的情况。做得差的员工或团队经常找各种理由证明项目无法推动。从萃取角度看，我们就可以把先进区域、团队、员工的优秀做法提炼出来，推广复制。

关

即使业务和政策没有变化，企业日常生产经营活动中同样存在关键客户开拓、关键流程执行、关键项目落地等任务场景。随着竞争的加剧和绩效标准的提高，企业即使引进或开发了相应的作业流程和方法，也需要萃取专家经验，持续优化完善。

痛

企业日常经营活动中会有一些业务痛点，包括瓶颈工序改善、关键客户流失、常见故障处理、投诉升级处理等。企业内部的业务专家能够预防类似问题的产生，或者在这些问题发生时能够力挽狂澜、转危为安。这时候我们就可以围绕这些业务痛点展开萃取。

第二步：定场景

在萃取方向确定以后，我们还需要理解这是什么类别的任务，场景细化到哪个层面，是只在一个层面做萃取，还是在多个层面做萃取。如果一个萃取方向有多个场景，那么还要确定具体研究哪个场景。通过这些分析，我们才能确定萃取要研究的任务场景的起点在哪里。下面结合三个案例展开分析。

案例1：新产品推广

某电信运营商推出了IDC产品（向需要开展互联网业务的企业客户提供网络带宽和机房环境租用服务，以及大规模、高质量、安全可靠的服务器托管与租赁业务），这是互联网时代电信运营商的重点业务，需要所有大客户销售代表重点推广。然而许多大客户销售代表抱怨对于同样的服务，许多新创立的ISP公司（互联网服务供应商）的报价比自己公司低很多，无法推广。还有些大客户销售代表抱怨天津公司的报价比北京公司的低，无法推广。只有少数大客户销售代表的推广很好，因此决定就此做萃取。

从任务类型的角度分析，IDC 产品推广属于大客户推广而不是终端客户推广。从场景细化角度分析，IDC 产品推广属于任务场景的第三个等级——员工场景。具体工作场景是大客户推广，即如何结合大客户推广方法论来做好新产品推广。IDC 产品是相对标准化的服务产品，不需要定制化，也就不太需要技术团队或售前团队的配合，大客户销售代表一个人基本上就可完成 IDC 产品推广。综合来看，IDC 产品推广是大客户销售代表一个人就可完成的工作，核心是如何应用大客户推广方法论做好这个产品推广。

这些分析有什么价值呢？

- 属于一个人完成的工作。可以明确访谈对象只需要优秀大客户销售代表一个角色即可。如果是复杂的方案推广，访谈对象就需要增加售前团队和技术专家。
- 属于大客户销售应用场景。可以明确专家只需要懂大客户销售方法论即可，或者萃取师需要研究的通用方法论是大客户销售方法论。

这个场景还可以继续细分吗？例如，面对不同类型客户的具体销售策略，或者如何解决低价竞标这个具体问题。我们经过深入分析就可以看出，这些场景都不可以细分。原因在于产品销售的起点是获得客户，然而哪种客户是适合的目标客户并不明确，如何获得也没有具体的途径。在目标客户都不明确的情况下是不可能研究面对不同客户的销售策略的。低价竞标这个问题的起点也是不明确的，有可能是投标报价策略问题，有可能是客户选择问题。因此回到真实的工作场景中，大客户销售代表在收到推广新产品的任务后，首先要研究的是客户在哪里，这才是任务的起点。

案例 2：财务管理软件项目交付

某大型财务软件公司已经引进了项目交付方法论，并且对项目经理进行了培训认证，从交付结果看差距依旧明显，按期交付率很低。不能按期交付将产生两个方面的影响：一是结款延后，进而影响公司现金流；二是增加人工成本，项目的毛利润减少。公司有部分优秀的项目经理能够按期交付，因此考虑做萃取。

- 从任务类型的角度分析。财务管理软件需要部分定制化开发，而不是直接交付标准化软件，项目交付需要项目经理带领技术骨干，协调销售、后台技术支持部门和客户才能完成。这是一个典型的团队协同任务。因此萃取访谈就要以优秀项目经理为核心访谈多个关键角色。
- 从场景细化的角度分析。首先判断萃取要解决的问题是公司级业务方法论优化问题，还是典型应用场景问题（如何应对不同类型客户交付中的典型问题）。项目管理有标准方法论，然而由于项目标准化程度不同，需要甲方配合的程度不同，硬件项目交付、标准软件交付、定制开发软件项目交付、咨询项目交付在工作流程、需要的团队人员的类型和数量、风险点控制等方面有许多区别，因此在通用项目管理方法论的基础上，每种项目交付方法论都需要优化。这家公司之前只引进了通用项目管理方法论，还没有根据业务属性进行优化，因此萃取首先应聚焦在企业场景上，也就是通过萃取优化核心业务方法论。在完善了核心业务方法论之后，该公司还可以组织应用场景萃取。例如，国有企业、外资企业、民营企业、合资企业等不同属性的企业在项目交付中的注意点是什么？超大型企业、大型企业、中型企业在财务管理制度和IT能力上的成熟度不同，在项目交付中的注意事项是什么？

- 结论：结合该公司现状，首先需要进行公司级业务方法论的萃取（部分定制化财务管理软件项目的交付方法论优化）。

案例3：市场深耕

市场深耕是许多企业的核心战略。例如，几大国产手机品牌都在大力推动海外国家的市场深耕，在发达国家以运营商为核心做推广，在发展中国家以大量的零售商为核心做推广，两者在经营模式上有非常大的区别。在国内市场，一二线城市的线下渠道以全国性连锁卖场为核心、三四线城市的线下渠道以本地经销商为核心，生意模式有很大区别。在推进渠道下沉战略后，我们发现有些市场持续稳定地发展，有些市场的发展忽下忽上，有些市场根本打不开局面，于是决定就三四线城市的市场深耕进行组织经验萃取。

- 从任务类型的角度分析。市场深耕属于经营层面的组织经验萃取。它涉及了市场分析与策略制定，还涉及产品、渠道、促销、服务等多项业务的协同。我们需要访谈三四线城市优秀市场的历任一把手、业务骨干、渠道经销商、分管的大区负责人等，这样才能获得所有的关键决策和执行要点。

- 从场景细化的角度分析。要确定是研究三四线城市市场深耕的总体策略，还是研究典型市场的经营策略（如发达区域和非发达区域的经营策略、新进入／爬坡期／高原期等不同市场成长阶段的经营策略）。这家公司定位高端，进行三四线城市的市场深耕首先会评估当地的经济发展程度，只有经济发展达到一定程度才进入，因而不需要研究发达区域和非发达区域在经营策略上的区别。公司还没有建立对新进入／爬坡期／高原期等不同市场成长阶段的经营策略进行评估的标准，需要通过萃取来确定。现任市场负责人做好市场深耕工作的基础是要了解市场发展规律。结合这两点，本次萃取的目的是研究公司级方法论——三四线城市市场深耕策略。

从以上三个案例可以看出，在明确萃取方向之后，准确定义任务场景非常重要。定义任务场景会影响到访谈对象选择、理论研究方法、萃取难度预估等。表3-1展示了三个案例中定义任务场景对萃取后续工作的影响。

表 3-1　三个案例中定义任务场景对萃取后续工作的影响

案　例	任务复杂度	场景细化程度	后　续　影　响
案例1：新产品推广	个人专业任务：标准化服务产品销售	员工场景：结合大客户销售方法论做好新产品销售	• 访谈对象：优秀大客户销售代表 • 理论/专家支持：大客户销售方法论 • 难度：相对容易
案例2：财务管理软件项目交付	团队协同任务：需要销售人员、项目经理和技术骨干，以及甲方公司协同配合完成	企业场景：定制化财务管理软件项目交付	• 访谈对象：优秀项目经理及关键协同角色（销售人员、技术骨干） • 理论/专家支持：定制化财务管理软件项目交付方法论 • 难度：较大
案例3：市场深耕	经营性任务：以统一策略为指引、持续多年的经营性任务	企业场景：整体市场深耕策略与关键任务执行指引	• 访谈对象：优秀市场的历任一把手、业务骨干、渠道经销商、分管的大区负责人等 • 理论/专家支持：经营方法论+各地市场分析+零售管理等 • 难度：极大

在工作实践中，业务管理者、业务专家或 HRBP 也会梳理业务类型、客户类型，目的是理清业务，加强分类管理或业务辅导，只是没有从萃取这个角度来梳理，所以梳理任务场景、定义任务场景可以请他们完成。

第三步：找专家

在确定任务场景后，我们还需要确定访谈对象，也就是要找到合适的专家。专家质量决定了萃取质量，所以要制定明确的选择标准，并且严格筛选。选择标准如下：

- 业绩稳定、优秀，自食其力（这样的专家才有真本事）。
- 2/3 是还在萃取研究任务的岗位上任职的专家（他们不仅有过去的经验，还有应对当下挑战的经验），1/3 是从该岗位被提拔为直接领导的人（他们业绩优秀，同时承担管理和辅导工作，对业务有更深入的理解和思考）。
- 每个主题包含 6~9 个专家（只有基于多个专家的经验，才能萃取出系统化、可复制的方法）。
- 建设性沟通方式，而不是批判性沟通方式（访谈效率高）。
- 最好自愿（态度积极，愿意分享）。

经过实践发现，在这几条标准中，最难把握的是第一条，表 3-2 展示了上述三个案例中选择专家时的评价标准。从中可以看出，单一岗位任务确定专家标准相对容易，找到 6~9 个专家也容易。而团队协同类任务和经营类任务确定专家标准的复杂度高，找到足够数量的专家的难度很大。在实际执行中，我们不要追求完美主义，有几个专家就深入访谈几个。

表 3-2　三个案例中选择专家时的评价标准

案　例	评　价　标　准
案例 1： 新产品推广	• IDC 产品的销售业绩最好（从开始推广该产品开始计算。）
案例 2： 财务管理软件项目交付	• 业绩角度：多个项目、不同类型客户都能按期交付，客户满意度高和续单率高更好 • 职级角度：资深或高级项目经理 • 来源：在职项目经理或项目管理部专家
案例 3： 市场深耕	• 业绩角度：至少连续三年以上内部排名靠前，在本地市场占比持续提高 • 满意度：终端客户和经销商的满意度高 • 管理角度：培养、输出干部多 • 备注：这些维度考虑到了多个利益主体（公司、经销商、客户、员工）的需求，考虑到了长期发展和短期业绩。符合这些条件的分公司的经营策略才有学习的价值

本书推荐的组织经验萃取专家选择模式是先确定任务场景再选专家，企业还可以选择另外一种模式，就是先评选业绩标杆，然后访谈经验，在年会做分享。尤其是保险公司和直销行业，每年都会组织峰会，邀请销售冠军做分享。这种分享以激励为目的，和组织经验萃取的目的不同，因此我们要坚持先确定任务场景再选专家的逻辑。

在确定选择标准后，由谁负责选择专家呢？一般由业务管理者和负责绩效评估的人力资源部同事负责。在选择过程中，尤其要重视业务管理者的建议，因为他们与专家在一起工作，确定谁是专家他们最有发言权。

小 结

- 场景定义：完成某项任务的起始条件或起始状态，这种起始条件或起始状态会影响任务完成难度。
- 选场景的目的：保证萃取主题符合战略业务需求，符合学员的需求，只有这样业务部门和专家才有动力参与，后期才容易落地。
- 选场景三步骤：
  - 选方向，符合战略业务需求。
  - 定场景，使萃取工作聚焦。
  - 找专家，挖掘到有价值的经验。
- 责任人
  - 选方向：业务管理者。
  - 定场景：业务管理者+业务专家+HRBP。
  - 找专家：业务管理者和负责绩效评估的人力资源部同事。
- 注意事项或可避免的错误：
  - 如果没有从业务发展需求出发确定萃取任务场景，业务部门就感受不到价值。
  - 不考虑自身水平高低，所有领域都想萃取。如果没有引进行业通用方法论，专业能力没有超过行业平均水平，那么萃取成果的质量不会高。
- 任务场景不典型，不符合学员的实践需求。
- 没有认真讨论专家标准，也没有审核，结果业务部门派了一些"不忙的专家"。

3.2　界定问题2：定标准

为什么要界定成功标准

先举个小例子。为了深化客户关系，银行会定期举行一些答谢活动，每个客户经理都会有一些邀请名额。邀请市区的客户很容易，然而有些客户住在远郊区县，到市区参加活动光路上就要花掉2~3个小时，因此很少会来。负责远郊区县的客户经理就会头疼，因为每次邀约都会被拒绝。这时候有些客户经理就会抱怨领导事真多，甚至抱怨自己命不好会被安排到远郊区县来工作。然而优秀的客户经理从来没有这样的烦恼，通过调研发现，他们定义的销售的成功标准与普通客户经理的明显不同，因此对这件事的认识和处理方法也不同。表3-3展示了两者的区别及其影响。

表 3-3 普通客户经理和优秀客户经理销售成功标准的区别及其影响

区别项目	普通客户经理	优秀客户经理
成功标准	• 完成几十项业绩指标	• 获得客户信任
看待客户活动	• 银行的又一项任务，远郊区县的客户在路上要花 2~3 个小时，不会有人来的 • 带着痛苦的心情打电话邀约 • 沮丧地向领导报告没人来	• 邀约客户参加活动的目的是深化关系 • 即使客户不来，也增加了一次与客户联系和深化关系的机会 • 如果客户来，就要挤时间陪客户一起去，这样有更多交流机会
工作模式	• 每项业务（基金、黄金、大额存单、电子银行……）都要向全部客户做推荐 • 成功率低，还被有些客户拉黑	• 将客户分为核心客户、重点客户和一般客户三类，确定各自的信任等级目标 • 创造并利用各种接触客户的机会，从人际和专业两个维度发展信任关系，同时明确客户的金融需求特点及所在银行优势，有针对性地推荐产品和服务

成功标准会影响到如何看待工作中出现的各种问题，更重要的是，成功标准不同，工作模式也会不同，自然成效也不同。因此明确成功标准的重要性在于：

- 符合基本管理原则。以终为始，以成果为导向。明确的成功标准指明了努力的方向，使所有的工作付出形成合力，服务共同的目标。
- 体现组织战略。每个人、每个家庭都需要金融服务，而且是多种类型的服务。获得足够多的忠诚客户是银行成功的基础，所以银行不是靠销售一个一个的金融产品获得成功的，而是通过获得足够数量的忠诚客户获得成功的，那么把获得客户信任作为成功标准就体现了银行的组织战略。然而由于信任程度难以衡量，为了可操作，绩效考核标准就变成了各项产品指标。普通客户经理没有深入思考，就容易把绩效考核标准当成成功标准。所以不能为了方便执行就随意简化，而是要找到符合战略的成功标准。

- 展现专家的使命或信念。**专家是在自己的领域内认为这个世界应该是什么样子的，而且通过自己的努力让世界成为这个样子的人。** 成功标准具体展现了专家认为世界应该是什么样子的。
- 在绩效评估中落实企业的使命和价值观。每家企业写在墙上的使命都是类似的，即为了客户满意、为了客户幸福。然而在不同的业务价值链、不同类型的任务中，企业的使命如何落地的差别极大。以客单价、客户净推荐率两种不同指标作为销售成功标准，作为普通人，在购物过程中会感受到巨大的不同。追求客单价的导购会利用各种方式来影响你，甚至忽悠你，而追求客户净推荐率的导购会更关心你的需求，包括产品是否适合、安装是否方便、如何有效使用、出现问题如何求助、使用是否满意等。如果一个企业的使命是让客户满意，而考核标准是客单价，大家可以想象销售代表会把什么作为行为指引。反之，如果考核标准是客户净推荐率，那么，企业的使命就会在销售代表的工作中落地。所以专家的成功标准都会从客户出发，从长远出发，从而推动企业使命和价值观的落地。

- 不同的成功标准带来了不同的挑战，以及不同的解决问题的方法。在消费者专业程度持续提升，互联网关键意见领袖的影响力越来越大的经营环境中，提高客户信任度的难度越来越大，而专家能够达到这样的成功标准，充分体现了专家解决问题的水平。从萃取角度来看，成功标准越高，带来的挑战越大，萃取的价值也就越大。

成功标准的构成维度

成功标准的构成维度和绩效指标的设计维度类似，包括如下四个方面。

- 数量指标：产量、销量、服务人数、收入等。
- 质量指标：一次合格率、优秀率、满意度、忠诚度等。
- 成本指标：原料、资金、人员投入的降低程度等。
- 时效指标：完成任务的时间限制或时间降低程度等。

总体来看，专家的成功标准会越来越高，下面结合三个典型案例展开分析。

案例1：新产品推广

- 普通客户经理以成交为成功标准。企业采购经常要求低价中标，同时一些新的供应商为了进入市场经常采取低价策略。为了成交，客户经理把工作重点放在采购流程协调、组织投标、报价策略、与领导争取价格优惠上，即使中标，企业的收益也不高。

- 优秀客户经理以成为最优秀的供应商为成功标准，他们期望获得双赢：客户赢+企业赢。客户要求低价中标，他们首先会分析这种要求背后的客户心理是什么，以及这种采购模式是否对自己有利。他们会把工作重点放在深入分析客户需求（客户更关心的是服务的稳定性和安全性还是价格、是采购成本还是整体运营成本），推动企业建立更加科学、有效的采购决策和决策标准（先进行技术服务能力评价，再进行商务评价）等上，推动客户选择最合适的供应商而不是价格最便宜的供应商，最终实现客户和企业的双赢。

在销售领域中，一般的客户经理的成功标准是成交，或者追求客单价最大化，因此他们会将工作重点放在销售技巧和话术上。然而从长期来看，获得忠诚客户才能保证长期的成功，因此专家会把提高客户复购率或者提高客户净推荐率作为成功标准。

案例2：财务管理软件项目交付

- 普通项目经理首先关注的成功标准是交付质量。大部分软件项目经理是技术专家出身，技术是他们的安身立命之本，是否能按质交付成为首先被关注的成功标准。他们自然会将工作重点放在技术实现上，然而财务管理软件项目交付不仅仅是一个技术问题。

- 按质交付和按期交付是优秀项目经理的要求。定制化开发不仅需要技术能力，还需要人际协调能力，要协调好客户的业务部门、技术部门、主管领导，才能保证对方配合，合理控制定制程度，及时验收等。因此项目经理不仅要考虑技术，还要花费大量精力做好协调，这样才能按质、按期交付。
- 按质交付、按期交付和获得更多项目机会是卓越项目经理的成功标准。由于采取的是定制化开发，项目经理就有许多机会与甲方的业务部门深入交流，在区分清楚合同范围后，有机会推动客户做出购买决策，提供更有针对性的服务。这对项目经理提出了新的挑战，要求项目经理要有关系联结能力、商业敏感性和需求引导能力。

不同的交付标准背后隐藏着项目经理不同的角色使命。如果项目经理是一个技术专家，他就会更关注交付质量。如果项目经理是一个项目管理者，他就会更关注进度、质量和成本协调。如果项目经理是一个从事项目管理的经营者，他就会继续考虑项目验收进度与回款的关系，保证企业的现金流，还会发现和引导新的需求，在当前项目满意的基础上获得新的合作机会。

案例3：市场深耕

- 普通分支机构负责人通常以达成企业年度绩效目标为成功标准。这一点无可非议，因为企业年度绩效目标本身就很高，实现它很有挑战，而且许多企业实行管理者末位淘汰制，当年完不成，有可能就下岗了。

- 卓越分支机构负责人以客户赢（不仅卖产品，还要让客户用好产品）、经销商赢（赚到钱、有发展）、员工赢（有业绩、有成长）、企业赢（有当下、有未来）为成功标准，然后结合年度绩效目标制定经营策略，优化业务方法论，在实现年度绩效目标的同时培育组织能力，保证在短期内实现目标，在长期内发展有后劲。当然达到这样的成功标准，挑战非常大。

笔者曾经采访过一个优秀的信用卡分中心总经理，他就是以上述成功标准来定义自己的角色使命的。信用卡客户的办卡目的是用卡，他结合总部资源创造本地化资源，为信用卡客户创造用卡条件，提供本地化服务，保证客户赢。信用卡销售代表一般都是来自三四线城市或郊区的年轻人，机会不多，他们的成功是公司业绩稳定的基础，也是公司对员工负责的体现，因此他研究确保每一个员工成功的招聘、强化训练、严格管理、持续性激励等方法论，并且推动各个部门协同完成，保证员工赢。信用卡业务有风险，为了获得长期的收益，他要求在一开始就要对办卡条件严格审核，不能为了实现短期绩效目标而妥协，推动整个团队建立风险至上的文化，建立严格的流程，及时审计和处理问题，保证公司长期赢。要做到这些，需要分支机构负责人付出更大、更长期的努力。

表3-4综合展示了三个案例中普通员工和专家的成功标准对比。成功标准不同，挑战也就不同，成功标准越高，难度越大。同时不同的成功标准也体现了专家和普通员工对角色使命的不同认知。

表3-4 三个案例中普通员工和专家的成功标准对比

案 例	普通员工的成功标准	专家的成功标准
案例1： 新产品推广	• 数量：成交额	• 数量：成交额 • 质量：有合理利润的成交价格+客户满意度
案例2： 财务管理软件项目交付	• 数量：合同约定工作内容 • 质量：合同约定交付质量	• 数量：合同约定工作内容 • 质量：按质交付+按时交付+按期回款+客户满意度
案例3： 市场深耕	• 完成公司下达的各项任务指标	• 以"客户赢+经销商赢+员工赢+公司赢"为成功标准确定绩效目标和组织能力发展目标

由谁定义成功标准

专家和普通员工的成功标准不同，从萃取角度看，要通过访谈或组织专家研讨输出成功标准。然而专家的成功标准和企业现有的绩效考核标准经常不一致，是否将专家的成功标准转化为企业的绩效考核标准需要慎重考虑。同时专家的成功标准是否符合企业发展要求，是否具备落地条件，是否有可操作的衡量方式和数据来源都是需要考虑的问题。那么由谁负责定义成功标准呢？由业务专家经过研讨给出建议，由负责绩效标准制定的业务管理者拍板。从实践经验来看，由于专家的成功标准更加符合企业使命落地和战略落地的要求，能够兼顾短期业绩和长期业绩，因此企业通常会参考专家的成功标准来调整、优化绩效考核标准。

小　　结

- 成功标准的价值：促进企业使命和战略的落地，推动相关专业领域持续精进。
- 定标准对萃取的价值：对于相同的任务场景，更高的成功标准带来更大的挑战，依据任务场景和成功标准可以精准定义挑战，萃取会更聚焦。
- 成功标准的四个维度：数量指标、质量指标、成本指标、时效指标。
- 责任人：业务专家共创，业务管理者拍板。
- 注意事项或可避免的错误：
  - 忽视萃取的成功标准。以终为始是基本管理原则，然而在萃取时常常忽视萃取的成功标准，直接进入方法萃取。
  - 忽视不同企业的成功标准存在巨大差异。相同业务由于发展阶段不同，对企业文化落地的重视程度也不同，因而成功标准显然不同。即使都引进了通用方法论,然而由于成功标准不同,各家企业在方法论落地程度方面差别巨大。优秀企业会持续优化升级,这正是萃取的意义所在。

3.3 界定问题3:找挑战

为什么要找挑战

挑战是指完成任务的难点。结合找场景和定标准可以看出,同一类型任务的场景不同,成功标准不同,难度也不同,专家解决问题的方式、方法也不同。从萃取角度看,挑战背后隐藏着专家解决问题的经验、诀窍,这些经验、诀窍是含金量很高的"隐性知识"。以挑战为抓手,萃取才有针对性,才可能优化通用方法论。

通过定义任务场景、界定成功标准、明确挑战三个步骤来界定问题,可以更容易确定问题的本质,也更容易找出解决问题的思路。培养内部培训师,开发并讲授内部课程,可以提高培训的针对性。如果按照任务场景、成功标准和挑战来梳理,我们就可以根据不同需求设计出有针对性的培养方案。表3-5展示了三种内部培训师的培养方案。

表 3-5 三种内部培训师的培养方案

任务场景	成功标准	挑战	解决方案
培训新员工	• 按照成人学习模式设计并实施培训	• 时间少，兼职培训师很忙 • 零基础,不懂成人学习,无课程开发和授课能力	• 课程开发辅导工作坊（带着授课任务，现场辅导课程开发，现场试讲，实现课程讲师双产出。）
讲授引进的版权课程	• 独立完成授课任务，满意度达标	• 在短时间内如何吃透课程理论和方法 • 在短时间内如何实现独立授课	• 强化认证流程（学员课程+完成实践作业，导师课程+课程理解测试/试讲测试,导师协同授课，独立授课。）
与在职同事分享经验	• 经验可学习借鉴	• 选择什么主题有吸引力 • 如何提炼可学习的经验	• 案例开发辅导工作坊（精选主题+典型案例深度复盘+经验工具化梳理）

● ● ● ● ● ● ● ● ● ● ● ● ● ● ● ● ● ● ● ●

如何找挑战

从表面上看，挑战很容易找。销售人员会说："客户越来越挑剔，竞品越来越多，到门店的人越来越少。"网点负责人会说："房租越来越贵，人工成本越来越高，年轻人越来越不好带。"这些挑战人人都能看到，然而结合真实的任务场景，根本挑战是什么，具体难在哪里，有待我们进一步分析。即使是专家，也需要不断地学习、实践、反思，才能够从本质角度理解问题，明确什么是真正的挑战。专家通过相互研讨和碰撞，可以更加深入地理解问题并定义挑战。下面依旧结合上述三个典型案例展开剖析。

案例 1：新产品推广

- 要想成为最优秀的供应商，首先要深入理解 IDC 业务，这项业务不是简单地让客户将服务器托管在机房，而是要保证客户的互联网业务持续稳定地运行。哪些企业会更加关注业务稳定性呢？即使找到这样的企业，由于整个社会都在关注廉洁问题，也不应采取最低价中标的方式，如何让采购部、技术部、相关领导免除担忧呢？

许多客户经理会从功能、指标角度理解产品，然而每个产品的研发都是从客户需求和客户痛点出发的，这就要求客户经理从研发角度理解产品。这样才能找到合适的客户，才能从痛点出发影响客户的购买决策，才有机会做到双赢。

案例 2：财务管理软件项目交付

- 在按期完成部分定制化财务管理软件项目的交付中，协调是难点。协调难的本质是什么？首先是工作优先级问题。业务部门需要在完成本职工作的同时，配合外部供应商进行需求调研、流程梳理、上线测试等工作，需要完成的工作和完成项目的时间有冲突。其次是部门冲突问题。项目主导权在财务部门还是在 IT 部门？当遇到两个部门意见不统一的情况时，应该怎么办？再次是期望值管理问题。在投标阶段为了中标，销售人员会有一些额外承诺，但是这些额外承诺没有被写在合同里，项目经理可能都不知道；部分定制化，但是业务部门并不了解具体边界，会提出许多额外的需求。最后是最根本的问题，企业应用管理软件的目的是用信息化带动管理升级，项目经理却觉得这是软件实施项目。企业在推动管理变革，推动管理变革就会有各种阻力，企业内部必须有强有力的管理者负责推进，管理变革才可能成功。这四类问题会导致项目推进过程中出现各种冲突或意外。为了防止冲突或意外的发生，项目经理需要明确哪些环节是重点环节，需要强化。即使出现问题，也要清楚问题产生的根源是什么。只有这样，提出的解决方法才有针对性。

案例3：市场深耕

- 按照客户赢、经销商赢、企业赢的成功标准深耕三四线城市的市场，由于行业不同，每家企业的战略不同，每个市场的发展现状不同，企业面临的挑战也不同。例如，某家电企业与三四线城市的经销商合作很多年，经销商过去主要做本地批发兼零售，现在该家电企业要开设体验店，实现线上线下协同销售，通过送装一体化提高服务效率。许多经销商由于年龄大、缺乏冲劲，跟不上企业的发展，此时企业直接替换经销商又有卸磨杀驴的感觉，不符合商业道德，那么如何推动老化的经销商快速转变思想和落地新战略就成了该企业的核心挑战。而对于刚刚启动三四线城市市场深耕的企业，搞清楚哪些市场可以深耕，不同发展阶段的市场经营重点和难点是什么，是它们的核心挑战。

表 3-6 展示了上述三个案例中的挑战分析过程。读者可以对照案例思考界定问题三步骤之间的逻辑关系。任务场景确定了完成任务的起点，同样的任务，场景不同，挑战也不同。成功标准确定了完成任务的终点，成功标准不同，挑战也不同。挑战是从起点到终点要逾越的障碍。明确了起点、终点和过程中的障碍，就精准地界定了问题，也就能够更快地找到解决问题的方法，从而提高工作效率。通常职位级别越高，处理的问题就会越复杂，界定问题的难度就会越大。

表 3-6 三个案例中的挑战分析过程

案例	任务场景	专家的成功标准	问题本质	具体挑战
案例 1：新产品推广	• 销售新产品	• 有合理利润的成交价格＋客户满意度	• 不清楚 IDC 产品的核心价值 • 不清楚低价中标客户的心理	• 合适的客户是谁 • 如何影响客户的采购标准
案例 2：财务管理软件项目交付	• 按期完成部分定制化财务管理软件项目的交付	• 按质交付+按时交付+按期回款+客户满意度	• 业务部门的本职工作与项目配合冲突 • 财务部门和 IT 部门因主导权发生冲突	• 如何做好内部项目交接，搞清楚期望值、承诺和挑战

续表

案例	任务场景	专家的成功标准	问题本质	具体挑战
			• 发起人、业务部门对项目的期望与合同承诺之间有差距 • 管理软件落地是变革项目,如何推动甲方配合	• 如何把握初次与客户见面的机会,做好变革推动的承诺 • 如何开好项目启动会,做好动员……
案例3:市场深耕	• 老市场如何执行深耕战略	• 客户赢+经销商赢+企业赢	• 老经销商的动力和能力不足,然而不能直接替换	• 如何选择合适的经销商试点,保证一炮打响 • 如何快速复制推广 • 如何适时替换不合适的经销

●●●●●●●●●●●●●●●●●●●●●●●●●●●

由谁来确定挑战

专家最有发言权,他们见多识广,在长期的工作实践中遇到过各种各样的问题和挑战。同时他们在失败和成功的实践中持续反思,从本质角度理解了因果关系,能够精准地界定挑战。所以应由专家经过研讨来确定挑战。

小 结

- 挑战的价值:挑战本身就是非常重要的知识。在明确了起点(任务场景),界定了终点(成功标准),清楚了挑战之后,无论是专家还是普通员工,都会明确工作的重点,对选择什么样的工作方法心里更有数,工作效率也会因此而提高。
- 找挑战对萃取的价值:挑战背后隐藏着专家独有的经验和诀窍,这些经验和决策是含金量很高的"隐性知识",是萃取的关键抓手。
- 责任人:专家研讨并拍板。
- 注意事项:
  - 要根据问题本质确定挑战,而不是简单收集。

3.4 解决问题1:讲故事

为什么要先讲故事(访谈案例)

在界定问题之后,许多萃取工作者就会直接请专家分享经验,然而在接受访谈之前大部分专家并没有深入反思过，这时候分享的经验大多是通用方法。即使专家反思过，也可能想不起来那些直觉的、下意识的行动或思维过程，或者认为其不重要而忽略掉了，而那些直觉的、下意识的行动或思维过程可能很有价值。所以我们要通过访谈还原与深度剖析具体案例，才能挖掘出专家的独特经验。

组织经验是通用方法论的优化升级，因此萃取要从两头"凑"：一头从原理出发，确定通用方法论，一头从实践出发，寻找专家的独特经验，然后在此基础上梳理、整合、优化。通用方法论是客观存在的，而专家的独特经验是需要通过访谈挖掘的。因此在界定问题之后首先要请专家讲故事，通过案例访谈挖掘专家的独特经验。

为什么常规访谈无效

招聘面试经常会用到 STAR 行为面试技术（见图 3-2），STAR 是 Situation（背景）、Task（任务）、Action（行动）和 Result（结果）四个英文单词的首字母组合。采用 STAR 行为面试技术的目的是通过深入追问应聘者在任务中扮演的具体角色和采取了哪些具体行动，来判断应聘者是否具备应聘岗位需要的能力。

图 3-2　STAR 行为面试技术

在组织经验萃取过程中，许多人应用 STAR 行为面试技术访谈专家，然而效果很差，出现这种情况的主要原因如下：

- 访谈无重点，案例像流水账。按照 STAR 行为面试技术进行访谈，如同写记叙文，时间、地点、人物、事件起因、经过、结果六要素完整全面。然而萃取需要找到专家的独特经验，按照这个模式进行访谈必然导致访谈过程冗长，效果很差。
- 缺乏深度。应用 STAR 行为面试技术做访谈，重点放在行为上，没有认知分析和角色使命分析，很难把专家的独特经验、思维方式和信念动机挖掘出来。
- 专家感到无趣。按照 STAR 行为面试技术接受访谈，专家只能介绍自己是如何做的。然而专家的独特做法并不是很容易就能够获得的，而是要在我们进行多种方案对比、多次实践优化的基础上才能获得的。没有深层次提问，专家就没有机会分享自己的良苦用心，自然很难爽快地讲、彻底地讲，更没有机会深度反思，看到自己的盲区和改善点，从而不能在输出经验的同时也获得成长。在有过这种无趣的经历之后，专家自然不愿意再接受访谈。

所以，以萃取为目的的案例访谈技术需要实现三个功能：访谈重点突出、节奏紧凑；深度挖掘出专家的独有经验；对专家有帮助。

什么访谈技术有效——C-4 访谈技术

为了获得专家的独特经验，笔者在实践基础上开发了 C-4 访谈技术——以挑战为中心的四步深度访谈法。通过聚焦重点，四个步骤层层深入，挖掘专家克服挑战的行为、思维、角色使命，获得专家的独特经验。表 3-7 展示了 C-4 访谈技术中四个步骤的执行要点。

表 3-7　C-4 访谈技术中四个步骤的执行要点

步骤	目的	执行要点
开场	• 建立友好关系	• 自我介绍，说明访谈目的和大致流程 • 邀请对方做简单的自我介绍
C1：讲概要,定价值	• 找到有价值的案例	• 请对方介绍案例概况 • 如果案例有挖掘价值,就进入下一步；如不符,则重新筛选
C2：分阶段,找挑战	• 明确访谈重点	• 请对方划分案例阶段并明确主要挑战点
C3：细还原,深剖析	• 挖掘独特经验	• 针对所有关键点深度还原并多维剖析 • 深度还原：做法—原因—成效 • 多维剖析：对比其他方案,对比新人 • 提问角色使命

续表

步　骤	目　的	执 行 要 点
C4： 对目标，理经验	• 总结经验、教训	• 整体结果评价 • 整体原因分析：成功和失败的主、客观原因分析 • 整体经验总结
结尾		• 致谢

C1：讲概要，定价值

第一步的目的是找到有价值的案例进行深入访谈。基本过程是开场简要介绍研究的主题和意义、访谈的目的以及大致流程。然后请专家根据主题回忆并简单介绍有哪些典型案例，介绍要点可以参考记叙文的格式（时间、地点、人物、事件起因、过程、结果）或 STAR 行为面试技术。访谈者要初步判断专家所讲案例是否值得挖掘，主要看案例是否具有典型性、对比成功标准案例是否优秀、主要过程是否有挑战性。如果案例具备这些特征，我们就可以进入下一阶段深入访谈；如果案例不具备这些特征，就请专家换一个案例。

C2：分阶段，找挑战

第二步的目的是建立深入访谈结构。做法是请专家按照时间线或者逻辑线将案例划分成几个阶段或步骤，并且明确哪些是关键阶段或步骤，以及有哪些关键挑战。明确阶段划分和挑战点对专家和访谈者都非常重要。从专家角度看，问题开始深入了，需要认真思考。从访谈者角度看，可以明确后续访谈的挖掘重点，同时也让专家感觉到这和常规访谈不一样，可以调动专家的积极性。在完成这个步骤后，访谈者和专家就对访谈重点达成了共识，下一步就可以围绕关键阶段和关键挑战充分展开。

C3：细还原，深剖析

第三步的目的是挖掘专家的独特经验。这个阶段花费的时间最长，也最考验访谈者的能力。只有深入挖掘专家的行为、思维、角色使命，才能找出专家的独特经验。访谈者要依据上一步划分的阶段或步骤，与专家逐段进行还原和剖析。

- 还原分为三个部分。首先是行为还原，请专家全面介绍具体做法，找出与一般人不同的行为模式和执行要点。然后是认知还原，请专家回忆行为模式背后的思考过程和决策依据。最后确认这种做法的效果如何，以及这种做法对下一步工作的价值体现在哪里。
- 在充分还原之后进入多维剖析阶段。邀请专家回忆是否还有其他方案，为什么选择了现在的方案，为什么没有选其他方案。还可以请专家分析新人会怎么做、会犯哪些错误。通过与其他方案对比、与新人的做法对比，我们就可以判断专家的做法是否是最佳的。
- 角色使命剖析。在深度还原、剖析了所有关键步骤或关键点后，如果专家展现出远超一般人的用心和坚守，我们就可以对其深层价值观进行提问，了解专家对角色使命的理解，以及其担任这个角色的动机和信念是什么。通过这个层面的沟通，我们能够从根本上理解专家之所以成为专家的原因。

通过深度还原和多维剖析，我们能够挖掘出专家的隐性知识（如何识别判断问题，如何定义目标，如何选择行动模式，如何执行才能保证行动有效）。在此基础上我们才能进入下一步。

C4：对目标，理经验

第四步的目的是梳理和验证专家经验。具体做法是请专家对照目标，整体梳理经验、教训。

- 整体结果评价。首先请专家对整体结果进行评价，常规做法是对照目标评估案例成果。然而有些任务在前期并没有明确的目标，或者目标是随着任务进程逐步清晰的，采取这种评价方式就不太适合。建议做法是请专家与他们期望的理想状态做对比，专家对成果的期待比一般员工高，也比公司的绩效标准高，这种评价方式能够展现出专家对自己的高标准和严要求。同时这种对比也会促使专家进一步反思经验的价值，有助于专家理性区分成败的主客观原因。
- 主客观原因分析。其次在对整体结果进行评价之后，专家自然会反思成败的原因。访谈者可以请专家剖析成功和失败的主客观原因。成功的主观原因是其他人可以借鉴、学习的，而客观原因是不可被学习的，也是无法被复制的。通过这个步骤我们可以更加明确哪些经验可以被复制。

- 整体经验总结。最后请专家做整体总结。具体做法是请专家站在普通员工的角度梳理当面对类似任务时要坚持什么，不能做什么。这会让访谈在愉悦的氛围中结束，也便于访谈者确认最重要的经验、教训是什么。
- 感谢专家，并预约可能需要的补充访谈，请专家提供相应的资料以便整理案例。

通过以上四个步骤层层深入的访谈过程，我们就有可能获得专家的独特经验，为下一阶段的萃取提供高质量的原材料。

如何使用 C-4 访谈技术

笔者在实践中发现，经过培训的萃取师按照上述四个步骤访谈专家，最难把握的是第三步中的行为还原和认知还原。然而还原是挖掘专家经验的基础，相当于挖矿，只有把含金量高的矿石挖出来，才能进行提炼和萃取。之所以产生这样的问题，是因为分享故事属于事后回忆，专家会用概述方式介绍，容易忽略关键细节，而不会像一台全息摄像机一样，能够按照时间轴将外在行为和内在思维过程全部回忆并讲述出来。下面结合三个典型案例介绍如何用好 C-4 访谈技术。

典型应用分析

案例1：新产品推广

访谈销售专家有两个难点：一是销售专家主要和人打交道，交互过程不会有记录，也不可能有录像回放，因此还原细节非常困难。二是销售工作中有许多策略选择问题，然而这个过程是在大脑中发生的，而且有时候仅凭直觉做出策略选择，这就需要我们引导专家回到现场重新思考。表3-8所示的访谈记录及分析实例展示了如何深挖专家的行为和思维，以及使其经验浮现的过程。

- 访谈对象：在销售IDC产品方面做得最好的大客户经理。
- 访谈重点：普通销售人员都反映同业有低价竞争者，公司报价太高，无法销售。本质问题是找到合适客户，并使客户改变采购标准。
- 展示内容：访谈专家如何找到合适的客户。

表3-8 访谈记录及分析实例

步骤	访谈者提问与专家回答	回答质量分析
开场（略）		
C1：讲概要，定价值（略）		
C2：分阶段，找挑战（略）		
C3：细还原，深剖析		
细还原第1个关键环节：如何找到合适的客户		
Q	"您是怎样找到这个客户的呢？"	提问关键行为要点
A	"他和我的预期标准一样。"	没有实质回答
Q	"您的预期标准具体是什么？"	追问具体标准

续表

步骤	访谈者提问与专家回答	回答质量分析
A	"客户会优先关心安全性,关心网络速度,关心机房扩展性,而不是优先考虑价格。因为咱公司的价格没有任何优势,前面几个是优势。"	介绍了标准,没有回答如何找到客户和如何判断是否符合标准
Q	"那您是如何判断这家银行符合标准的?"	追问行为要点——如何判断
A	"这家银行是老客户,它有自己的数据中心,对银行来讲,提供电子银行服务首先关心的就是安全性和数据传输速度,这是它们一贯的标准。"	说明了银行采购标准,但还是没讲他是如何获得客户的
Q	"这个标准您是如何获得的?"	追问行为要点——获得途径
A	"这个客户是老客户,在其他采购合作中都是这样的标准。"	途径——合作经验。还是没有说明客户是如何获得的
Q	"刚才您说这个客户的采购标准与公司的优势相符,可是它有自己的数据中心存放服务器,为什么还要租用我们公司的IDC呢?"	行为要点——继续追问如何获得客户
A	"这个客户为了提高数据安全性,要建一个灾备中心,当然不能放在自己的数据中心里,所以会租IDC。"	客户需求清楚了,这是否是共性需求需要验证
Q	"建灾备中心是每个银行的需求吗?其他行业有吗?"	决策模式还原
A	"是的,银行业都有这个需求,证券公司、保险公司也有这个需求,从未来来看,依靠互联网做经营的行业都有这种灾备需求。"	这是可以复制的关键知识点
Q	"您说的这点很有价值,可以理解为只要是这类客户,就可以向其推荐IDC产品是吗?"	肯定并确认关键知识点

续表

步骤	访谈者提问与专家回答	回答质量分析
A	"是的,建灾备中心是很大一部分客户的需求。"	
Q	"那您是如何获得这个需求信息的呢?"	继续行为还原——如何获得客户
A	"每月都要定期拜访老客户,所以在有了这个产品之后就一并问,正好他们有这个打算,就告诉我了。"	清楚了方式,但是不清楚决策人
Q	"您是向谁了解这个需求的呢?或者说,这件事由谁负责?"	继续行为还原——找哪个人
A	"银行都有信息中心,规划由技术部门提出,然后上会讨论,一般由信息中心的领导拍板。这次是定期拜访,主要和运维部门、技术部门的人聊聊,技术部门的人告诉我这个需求。"	无法判断是偶然遇上还是有心计划,继续追问
Q	"您每次都拜访这两个部门,还是这次有调整?"	思维还原——拜访对象选择
A	"一般不拜访技术部门,这次因为有了这个新业务,所以主动去拜访技术部门。"	
Q	"为什么拜访的是技术部门,而不是其他部门呢?"	思维还原——拜访对象选择
A	"这个银行的采购流程我清楚,一般由技术部门提需求,所以得问他们。"	
Q	"那挑战一下,如果您不了解银行这项业务由谁提需求,您会怎么办?"	思维还原——拜访对象选择
A	"我会问一下信息中心和我关系最熟的人这事由谁负责,搞清楚决策链条。"	不再追问,这属于通用方法论中的关系发展技巧
Q	"我总结一下,这个客户的 IDC 产品采购需求立项由技术部门负责,对于不了解决策部门的老客户,可以通过内部熟人问清楚。"	确认思维,还原要点——拜访对象选择

续表

步骤	访谈者提问与专家回答	回答质量分析
A	"是的，向老客户推销新产品，这样才有效率。"	
Q	"通过这次拜访，效果怎么样，有什么进展吗？"	成效还原
A	"挺好的，在知道了这个需求之后，我就与技术人员进行交流，还请我们的工程师做了分享，然后就是推进项目立项了。"	确认成效——确定需求、推进销售进程
Q	"那我总结一下这个环节的要点。 目标客户：某银行。选择理由：银行、保险公司、证券公司这些机构有灾备需求，而且采购标准和自己公司的优势符合。 拜访途径：例行拜访。 拜访对象：运维部门和技术部门，重点是技术部门，因为技术部门负责提需求。如果不了解决策流程，就在询问内部熟人之后再确定拜访对象。 成效：推动了技术交流。 你看我总结的是否完整准确？"	完整回顾并确认行为、思维、成效是否还原到位
A	"是的。"	
深剖析第1个关键环节：如何找到合适的客户		
Q	"如何找到合适的客户，除了这种方法，您还有别的方法吗？"	与专家的其他方案对比剖析
A	"我的主要做法都是这样的，先筛选老客户中可能有需求，而且优先关心安全性和速度，而不是关心价格的客户。"	没有新的收获
Q	"新人在找客户这个步骤上会犯哪些错误，或者走哪些弯路呢？"	新老对比

续表

步骤	访谈者提问与专家回答	回答质量分析
A	"我看到的情况是新人认为这个业务和互联网相关，就去找互联网公司，可是许多新成立的互联网公司规模小，很看重价格，他们在碰几次钉子后就没信心了。即使大客户看重安全性，但是与新客户建立关系的周期很长，要在短时间内取得成果，也不太容易。"	新手"雷区"（有价值的知识点）
Q	"可否这样理解，您在金融行业找有灾备需求的客户就是为了避免这两个问题？"	
A	"是的，只有这样才能提高成功率和销售效率。"	
总结第1个关键环节：如何找到合适的客户		
Q	"如果让您重新来一次，在如何找IDC客户这件事上，您会调整做法吗？"	
A	"不会，这是我认为最有效率的方法了。"	

上述对话展示了访谈者如何通过提问引导专家细还原和深剖析的过程。通过这个过程，访谈者挖掘出了专家经验（如何找到合适的客户）。具体的成果是：

- 可复制的知识。金融行业数据中心有灾备需求，而且采购标准与公司的优势一致。
- 可复制的策略。优先选择老客户中有相关需求且更关心安全性和速度的客户。
- 可复制的行动模式。通过内部熟人获悉客户的决策链条和需求信息。

上述访谈示例展现了还原的难度，专家最初的回答是找符合公司优势的客户，然而这个答案根本无法落地。因此需要访谈者持续追问如何判断符合公司优势，如何确认对方是否有需求，要联系哪个部门才能推动销售进程，如何与这个部门建立联系等，这些才是关键行为和关键思维。在所有涉及与人打交道的任务访谈中，还原行为和还原思维细节都很困难，如投诉处理、服务、调解、谈判等。如果没有深度还原，就无法挖掘出有价值、可复制的经验。所以要重视并且做好访谈第三步中每个关键部分的行为和思维的还原。

案例 2：财务管理软件项目交付

在软件项目交付过程中，文件、会议纪要等文档都是客观存在的，访谈专家就可以结合这些文件展开，降低了还原难度。然而项目交付需要多角色配合，因此一个项目需要多角色访谈。相对而言，参与财务管理软件项目交付的角色较少，主要有项目经理（负责整个项目计划制订与推动、客户现场协调、项目团队管理、与公司相关技术部门协调等）和销售代表（负责前期沟通销售承诺、关键节点协调客户内部关系、收款等）。同时由于项目交付的周期非常长，环节多，涉及利害关系人多，需要请专家安排足够的时间接受访谈。表 3-9 列举了财务管理软件项目交付中需要深度访谈的关键环节，访谈者可以使用 C-4 访谈技术逐个环节展开，如何深度还原和多维剖析可参考表 3-8 中提问和追问的行为要点。

表 3-9 财务管理软件项目交付中需要深度访谈的关键环节

关 键 环 节
• 如何做好项目内部交接，组建项目实施团队
• 初次拜访项目发起人，如何推动对方选择合适的项目负责人，并提高内部配合力度
• 如何制订项目实施计划，并落实双方责任
• 如何召开各部门参加的项目启动会，推动各部门配合
• 如何协调业务部门做好需求调研，并管理好定制化期望值
• 如何提高定制化开发的效率
• 测试中的常见问题及处理
• 系统切换风险及处理
• 上线之后常见问题如何处理
• 如何推动尽快验收，配合收款
• 如何进行老客户再经营

案例 3：市场深耕

市场深耕的案例访谈比起前两个难度大很多。

- 周期长。市场深耕要看到成效需要很长时间，一般需要 2～3 年或 5～6 年不等。在这么长的时间内，决策点和关键任务非常多。

- 关键角色多。关键角色包括分支机构负责人、不同专业部门（产品、渠道、广告、服务等）负责人、外部合作经销商、上级主管领导等，这些角色都会影响到市场深耕策略的制定和执行，都需要访谈。

- 萃取经验层次多、难度大。既要挖掘整体策略，又要挖掘不同专业部门的关键任务落地策略、执行要点等，涉及多种理论和方法论，访谈过程做好深度还原和多维剖析的难度很大。

如何解决上述问题呢？关键是要建立访谈框架，按照访谈框架制订访谈计划、组织访谈。图 3-3 所示的三四线城市市场深耕案例访谈框架以市场发展阶段为主线，以整体策略为指引，以关键任务为承载，以核心挑战及关键策略为访谈重点。按照这个访谈框架进行访谈，访谈者首先要找到访谈对象，可以请人力资源部按照框架把具体岗位的人员名单找到，再根据这个框架设计每个角色的访谈提纲。

- 负责人的访谈提纲：重点访谈不同发展阶段的核心挑战和关键策略，组织建设和文化建设，以及负责人对角色使命的理解。
- 产品／渠道／服务／市场等专业部门骨干的访谈提纲：重点访谈不同市场发展阶段本专业部门的关键任务、关键策略和关键行动。
- 渠道伙伴的访谈提纲：重点访谈他们如何理解公司战略，如何转变经营观念，如何提升能力获得发展。

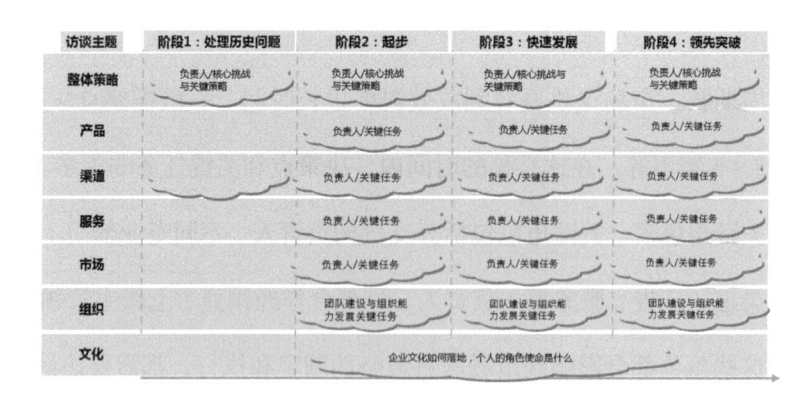

访谈主题	阶段1：处理历史问题	阶段2：起步	阶段3：快速发展	阶段4：领先突破
整体策略	负责人/核心挑战与关键策略	负责人/核心挑战与关键策略	负责人/核心挑战与关键策略	负责人/核心挑战与关键策略
产品		负责人/关键任务	负责人/关键任务	负责人/关键任务
渠道		负责人/关键任务	负责人/关键任务	负责人/关键任务
服务		负责人/关键任务	负责人/关键任务	负责人/关键任务
市场		负责人/关键任务	负责人/关键任务	负责人/关键任务
组织		团队建设与组织能力发展关键任务	团队建设与组织能力发展关键任务	团队建设与组织能力发展关键任务
文化		企业文化如何落地，个人的角色使命是什么		

图 3-3　三四线城市市场深耕案例访谈框架

在访谈完每个关键角色后，访谈者也可以按照这个框架梳理访谈成果，将关键事件、关键策略和执行要点整理在一张表上。这样才能保证访谈既全面,又有重点,才能在此基础上按照市场发展阶段梳理整体的策略性经验和每个专业部门的执行经验。

案例访谈执行要点

访谈对象:以专家为主,以普通员工为辅

以萃取组织经验为目的案例访谈的访谈对象要以专家为主。普通员工遇到的挑战不全面,所用方法更多是常规"套路",萃取价值不大。专家也是从新人成长起来的,普通员工遇到的挑战和困境他们都经历过,而且专家也会当师傅,在指导过程中非常清楚新人会遇到哪些问题。所以从提高萃取成果质量的角度看,访谈普通员工的意义不大。

案例性质:以成功案例为主,以遗憾案例为辅

成功案例展现了专家克服挑战的做法和思维方式,有助于实现萃取的主要目的,获得更高效的工作方法。遗憾案例展现了专家刻骨铭心的教训,结合这些教训梳理出的"雷区"对普通员工非常重要。普通员工如果了解了"雷区",就可能会降低犯低级错误的概率。在实际执行中,笔者建议按照2:1或3:1的比例访谈成功案例和遗憾案例。

案例数量:根据专家数量和对萃取质量的要求决定

以服务为核心的第三产业岗位少人多,如银行、电信公司、保险公司等,负责销售、服务、业务办理等工作的人少则几百，多则上万。访谈者可以按照不同区域挑选访谈专家，在此基础上萃取的组织经验的质量就很高。然而以生产制造为核心的第二产业岗位多人少，少则几百个岗位，多则几千个岗位，每个岗位上的人都很少。每个岗位有几个人到几十个人不等，也许只有一两位专家，那么能够把这一两位专家的经验挖掘出来就很有价值。根据实践经验，一个主题深度访谈 6~9 位专家，萃取质量就有保障。

深度还原：以访谈为核心，配合其他方法

还原是对案例展开深度访谈的关键，要尽可能找到原始工作材料展开访谈。例如，呼叫中心座席代表、电话销售客户经理、投诉受理人员等岗位的工作都有录音，访谈可以结合原始录音展开。应急救援、警察等危险岗位的操作都有录像，访谈可以结合原始录像展开。软件开发、工程设计等工作都有文档记录要求，访谈可以结合关键文档展开。在访谈之前，访谈者要去实地参观，通过直观感受强化对业务的理解。然而这些途径都无法还原专家是如何收集信息的，是如何分析问题的，是如何提出方案的，以及为什么选择现有做法，因此访谈是挖掘专家经验的核心途径。

访谈能力如何提高

C-4 访谈技术提供了深入访谈的四个步骤，访谈者按照这四个步骤层层展开，就能够挖掘并总结出专家的独特经验。难点在于如何判断专家的回答是否符合萃取要求，还需要追问哪些问题才能实现访谈目的。要提高访谈

能力，首先要学习、研究通用理论和方法论，才能够判断专家分享的内容属于通用方法还是专家的独特做法。其次，要始终站在学员的角度来判断专家分享的内容是否可执行，这样就会有敏感性，会下意识地追问细节。再次，要以合格组织经验为参照，这样可以知道追问到什么程度才符合萃取成果的要求。最后，只有持续练习和反思，才能提高访谈能力。

小　　结

- 讲故事的价值：访谈具体案例才能挖掘到专家的独特经验。
- 访谈工具：要使用 C-4 访谈技术，不要使用 STAR 行为面试技术。
- 责任人：以萃取师为主导，不能依赖专家自我反思和案例总结。
- 访谈"雷区"：
    - 案例像流水账。
    - 经验不独特，是通用方法。
    - 经验总结都是原则性的，不具体，不具备可操作性。

3.5　解决问题 2：炼纯金

专家的个人经验如同从河里淘出的沙金，需要通过精炼才能成为纯金。所以本阶段的核心任务是梳理、提炼每个专家的个人经验，形成可复制的系统化知识，输出合格的组织经验及匹配的典型案例。在此阶段，主要提炼两类"金子"：

- 成功"套路"。更高效地界定问题和解决问题的系统化方法要依靠手、脑、心三个层面共同萃取。其中，"手"主要指流程／步骤、方法／工具／模板，"脑"主要指分析决策的依据、原理和假设，"心"主要指角色信念、动机。
- 新手"雷区"。完成任务的过程中要避免的低级错误和原则性错误。顾名思义，如果犯了这种错误，就像走进了"雷区"，结果自然是粉身碎骨，不仅完不成任务，个人还会备受打击。

本阶段主要使用系统化梳理、可视化呈现、口诀化表达三种萃取方法，下面展开说明。

系统化梳理

系统化梳理是整合多个专家的经验，形成系统化和可复制的业务方法。

图 3-4 所示是组织经验系统化梳理模板，萃取师可以按照该模板梳理、整合前四个步骤的萃取成果。"任务场景""成功标准"和"挑战"来源于第一阶段（界定问题）的成果。"新手'雷区'"来源于案例访谈中专家梳理

的新手易犯的错误。"工作步骤"来源于案例访谈中专家划分的工作阶段，每个阶段的行为模式，多维剖析背后展现的原理，以及持续卓越的表现体现的角色使命／信念。

任务场景			
成功标准			
挑战			
新手"雷区"			
工作步骤	子步骤/活动/行为	工具/方法	理由/原理	角色使命/信念
	"手"		"脑"	"心"

图 3-4 组织经验系统化梳理模板

然而，这并不是一个简单的整合过程，而是要在理解问题本质和因果关系的基础上整合、优化、再设计业务方法论。萃取师要结合基础理论和通用方法论反复推敲，多轮迭代，才可能输出合格的组织经验。下面结合三个典型案例展开分析。

案例 1：新产品推广

从销售方法的角度看，如何卖好新产品的本质是如何结合产品特点运用通用销售方法论完成销售。销售需要解决四个问题：

- 谁是最合适的客户？每一种新产品都是针对特定客户的痛点或需求开发的，必然不能适合所有客户，所以要明确适配客户是谁。
- 如何推荐才能激发客户的兴趣？客户有时候并没有感知到自己的潜

在需求，或者并不了解你的产品是否能够满足自己的需求，因此我们需要找到好的方法去影响客户。常见的方法有产品经理做宣讲、请客户体验试用、请客户考察成功用户等。销售代表需要找到合适的方式激发客户的购买兴趣。

- 如何面对竞争？无论是企业购买还是个人购买，都会货比三家。如何面对竞争、如何影响客户的决策标准、如何促进成交是销售代表必须解决的问题。

- 如何组合销售？有些新产品需要进行组合才能被卖出去，这时候组合销售才能产生利润，所以如何在满足客户需求的基础上做好组合销售也是销售代表需要解决的问题。

看到这四个问题，许多人感觉这是理所当然的。然而按照这种模式组织新产品培训的企业很少。许多企业将产品培训的重点放在产品功能、性能指标等所谓的卖点上，要求销售代表背诵卖点，测试其是否记住了卖点，导致许多销售代表在面对客户时机械背诵，而不知道如何有效地影响客户。这种培训模式的假设是销售代表在了解了产品功能后能够自己琢磨出上述四个问题的答案。然而现实情况并不是这样的，大部分销售代表缺乏整合能力，需要萃取师萃取销售专家的经验并进行复制、推广。按照上述四个问题进行萃取后，相应的萃取成果是"四会"：会适配（适配客户是谁）、会推荐（如何利用销售道具激发需求）、会竞争（如何影响客户的决策标准，促进成交）、会组合（如何组合销售提升业绩）。如果新产品的初始培训能够组织销售专家按照"四会"模式输出销售策略，那么就会缩短销售代表的摸索时间，提升销售效率。需要注意的是，即使按照"四会"模式组织了新产品培训，也并不代表不需要继续进行萃取，因为构想的销售策略和实践之间不一定完全匹配。在新产品上市一段时间后，还是要组织销售专家进行新产品推广经验的萃取。

卖好新产品的核心问题是销售人员如何树立自己对新产品的信心。在本案例中，销售代表抱怨 IDC 产品价格贵，没法卖。如果销售代表接受了这样的观念，就会缺乏信心，推广新产品就会缺乏动力，一旦遇到客户提出价格问题，就会退缩。产生这个问题的直接原因是销售代表没有找到合适的客户，深层原因是销售代表不了解不同客户的消费决策模式，尤其会误解高端客户或大型企业的购买决策标准。高端客户有足够的消费能力，他们更关心品牌形象、产品品质、产品特色，以及产品背后体现的生活方式等，而不是首先关心价格。企业是一个经营性组织，它购买产品、设备和服务的目的是生产更好的产品、提供更好的服务、提高管理效率，因此采购不会只看重价格，而是要选择最合适的供应商。然而，绝大部分的普通销售代表是没有经营过企业的，并不了解企业的采购决策模式。同时，普通销售代表的消费能力也是有限的，因此也不了解高端客户的购买心理。所以新产品需要两次销售，首先要被推荐给销售代表，让他们理解产品的目标客户是谁，客户的消费决策模式是什么，以及新产品的独特价值在哪里。在此基础上才能实现从销售代表到客户的二次推广。

萃取师可以参照"四会"模式萃取新产品的推广经验，表 3-10 展示了经过系统化梳理的 IDC 产品的销售经验。

表 3-10　经过系统化梳理的 IDC 产品的销售经验

项　　目	具　体　阐　释			
任务场景	• 销售新产品 IDC			
成功标准	• 有合理利润的成交价格+客户满意度			
挑战	• 直接挑战：有新的互联网供应商低价竞争 • 本质挑战：如何找到符合产品优势的客户？在新供应商低价竞争的情况下如何影响客户的采购决策标准？如何在短时间内推广成功，提高销售效率			
新手"雷区"	• 找错客户：主要向新成立的互联网创业公司推广，其预算有限，无法应对低价竞争			
工作步骤	"手"		"脑"	"心"
	子步骤/活动/行为	工具/方法	理由/原理	角色使命
会适配	• 按照合格标准筛选现有客户 • 主动拜访	• 合适的客户筛选标准（更关心安全性、高速网络、服务支持） • 典型目标客户（见附件1）	• 向大型企业提供互联网服务首先要保证的是业务的连续性和稳定性	• 最能满足需求的才是最好的产品，最便宜的产品不一定是最能满足需求的产品，销售代表要推动实现这一点

续表

工作步骤	子步骤/活动/行为	工具/方法	理由/原理	角色使命
会推荐	• 借助内部熟人了解决策链 • 采取技术交流、实地参观等方式激发客户需求并影响其决策标准	• 技术交流文档 • 成功案例 • 同业倒闭案例	• 成功案例是最好的销售道具（见附件2） • 反面案例更具有冲击性	
会竞争	……	……	……	
会组合	……	……	……	

附件1：目标客户
- 地方性政府客户：要建立自用数据中心或灾备中心等
- 有自己的IDC机房的客户：选择异地机房进行灾备，或者当自己的机房不够用时可扩容，如金融行业客户、大型互联网企业等

附件2：销售道具
- 公司展示：包括品牌展示和优势展示
- 销售工具展示：IDC机房展示、安全产品展示、主机租赁展示
- 标准影响工具：IDC产品选择指南（帮助客户树立IDC机房选择标准，把公司优势嵌入其中，影响客户。）
- 辅助工具：慎选IDC服务商（通过行业中服务商倒闭的案例反向引起客户重视，以应对不合理的低价竞争。）

案例2：财务管理软件项目交付

软件项目交付是典型的长周期、多阶段、多角色、多变更的任务，本身

就很复杂。同时,财务管理软件、ERP 软件项目实施还涉及客户业务流程再造、工作习惯改变、管理授权模式变化等。从管理学角度看,引进推广财务管理软件、ERP 软件是一次组织变革过程,企业对此的期望值很高,然而从项目开始推进以来,各种痛苦接踵而至,满意度一路下滑,项目上线时刻也是企业最混乱、最痛苦的时刻,熬过了这一段,满意度才能逐步上升。因此甲方和乙方要确定可实现的目标,明确双方需要付出的努力,在共识基础上,才能有效推进项目落地。所以管理好期望值、推动内部项目组积极配合、协调不同利益主体的需求是重点,也是难点,项目经理如果没有做好这些前期工作,等到问题出现再补救就无比困难,时间会拖延,成本会提高,信任度会降低,很难按时完成项目。因此前期工作非常关键,是萃取的重点。

萃取师通过上述分析,理解了财务管理软件项目交付的实施特点,结合项目管理通用方法论和变革管理方法论,以及专家经验,完成了系统化梳理。表 3-11 展示了部分成果。

表 3-11 财务管理软件项目交付方法论

项 目	具 体 阐 释
任务场景	• 项目经理组织团队完成需要定制化的财务管理软件项目交付
成功标准	• 合格标准:按质交付+按时交付 • 优秀标准:按质交付+按时交付+协助老客户再经营(引导需求,获得新项目)
挑战	财务管理软件交付不仅仅是技术问题,还是管理变革问题,因此面对着一系列的挑战。 • 时间协调:业务部门的本职工作与项目配合冲突 • 人际协调:业务部门和 IT 部门之间的主导权冲突

续表

项　目	具 体 阐 释			
挑战	• 期望管理与引导：如何管理好业务部门的定制化需求、客户和高管对项目附加的需求、销售代表的额外承诺 • 推动落地：如何调动项目发起人和项目团队共同推动落地，实现管理变革 • 技术挑战：……			
新手"雷区"	• 只关心技术，不关心项目交付 • 工作重心放在本方项目团队，忽视推动客户项目团队的责任承担和工作配合 • 不重视前期关系建立和预期管理 • 不借力：不邀请销售代表协同推进项目执行或收款等			
	"手"		"脑"	"心"
关键步骤	关键活动	工具/方法	理由/原理	角色使命
项目内部交接	• 召开内部交接会	• 参加人：销售代表、售前顾问、项目经理 • 交接内容：客户需求背景、技术成熟度、管理成熟度、口头承诺、关系等	• 客户立项动机、口头承诺、合同承诺等影响期望值管理 • 客户技术成熟度和管理成熟度影响互相配合与项目推进 • 客户关系交接影响客户内部协调	项目经理不仅是技术专家，而且是项目管理者和变革推动者，要以变革管理思想推动项目交付成功
	• 收集关键文档、解析项目难点	• 《软件销售合同》 • 《项目实施服务合同》 • 《项目任务书》 • 《售前方案》 ……		

续表

关键步骤	关键活动	工具/方法	理由/原理	角色使命
初次拜访项目发起人/负责人	（略）	（略）	（略）	
制订主要实施计划	（略）	（略）	（略）	
召开启动会	（略）	（略）	（略）	
需求调研	（略）	（略）	（略）	
定制化开发	（略）	（略）	（略）	
测试	（略）	（略）	（略）	
系统切换	（略）	（略）	（略）	
上线后优化	（略）	（略）	（略）	
推动验收	（略）	（略）	（略）	
再经营	（略）	（略）	（略）	

案例3：市场深耕

大部分企业都会滚动制订战略规划和年度经营计划，三四线城市的市场负责人会按照统一的模板和要求滚动制订，每个专业部门（产品/市场/渠道/服务等）都有自己的业务方法论和相应的管理机制，那么市场深耕萃取的是什么？如何避免萃取成果与企业现有的业务方法论和专业方法论雷同？美国的伊查克·爱迪思博士撰写了《企业生命周期》一书，他以人的生命历程为类比，划分了企业发展的阶段，梳理了不同阶段的核心任务，以及区分了每个阶段的正常问题和异常问题，如图3-5所示。

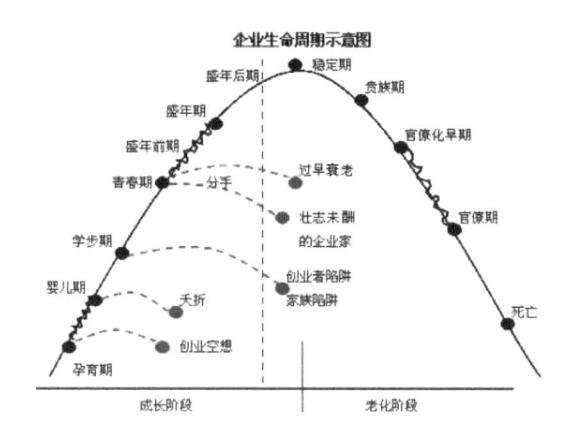

图 3-5 企业生命周期示意图

同理,每个市场的发展都是由小到大的,不同行业、不同类型的市场有什么发展规律,市场的不同发展阶段的关键任务是什么,哪些是正常问题,哪些是致命问题,只有清楚了这些,分支机构负责人才可以识别所在市场的发展阶段,明确下一阶段的目标及关键任务,从而能够为整个团队制定策略,并指导每个专业部门有效协同,形成合力,加速发展。表 3-12 展示了××公司在三四线城市进行市场深耕的部分萃取成果,重点在不同发展阶段的核心策略和关键任务。

表 3-12 ××公司在三四线城市进行市场深耕的部分萃取成果

项目	未开发	第二梯队	第一梯队	领跑
特征	• 批发渠道自然销售	• 在市场份额上占3~5名	• 在市场份额上占前两名	• 市场份额超过第2名30%以上
关键任务	• 分析市场容量决定是否深耕	• 快速启动+快速增长 • 进入第一梯队	市场份额领先+客户净推荐率高(实现口碑营销)	(略)

续表

项目	未开发	第二梯队	第一梯队	领跑
核心策略	（略）	• 以开店为抓手 • 开拓主动获客渠道 • 本地化售后服务	• 提供全流程服务 • 强化产品体验 • 推动"粉丝"经营和转介绍	（略）
执行要点／工具		• 开店：社区门店／装修市场门店开店运营指引 • 主动获客：小区拓展／异业联盟／家装设计师推荐销售合作执行要点 • 本地化售后服务能力建设及管理指引 ……	• 全流程服务：工程预埋／安装测试／使用示范／使用回访指引 • 强化体验：门店体验设施升级／体验活动指引 • "粉丝"经营：会员活动／社区样板装修体验／线上"粉丝"活动指引 ……	（略）

● ● ● ● ● ● ● ● ● ● ● ●

可视化呈现

人类有两套知识存储方式，分别为理性方式（以存储文字为主）和感性方式（以存储图片、视频、故事为主），而且通过感性方式存储的知识，人类更加容易理解和吸收。"文不如表，表不如图，图不如实物"，就说明了这一点。因此可视化呈现的任务是把经过系统化梳理的组织经验转化为直观的模型、流程、表格等。办公软件中有各种图形结构模板,可以满足常见的可视化呈现要求。需要强调的是,可视化呈现的前提是结构化,要先找到内在逻辑,再匹配合适的图形。萃取成果中的任务场景、成功标准、工作方法等都可以做可视化呈现,下面展示几个实例。

任务场景可视化

图 3-6 展示了四种不同类型的客户购买场景,销售代表可以直观理解不同场景下的工作重点。

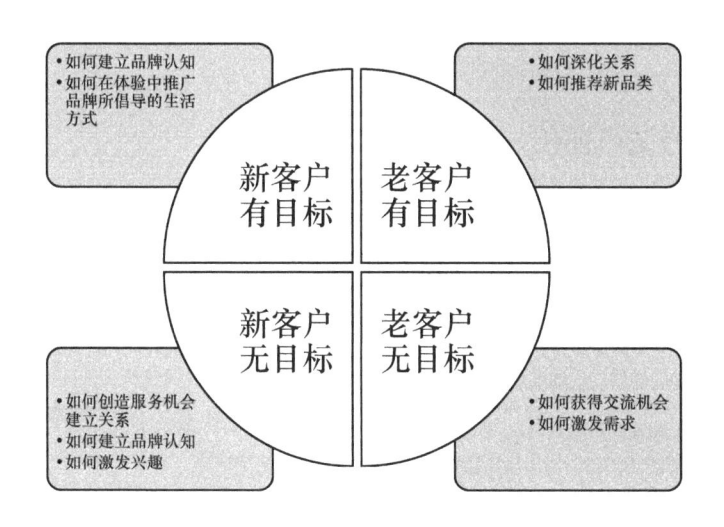

新客户有目标
- 如何建立品牌认知
- 如何在体验中推广品牌所倡导的生活方式

老客户有目标
- 如何深化关系
- 如何推荐新品类

新客户无目标
- 如何创造服务机会建立关系
- 如何建立品牌认知
- 如何激发兴趣

老客户无目标
- 如何获得交流机会
- 如何激发需求

图 3-6 四种客户购买场景

成功标准可视化

图 3-7 展示了由成交和客户满意两个维度构成的销售成功标准。在一次

销售中，以经营客户为中心，最期望的结果是成交+客户满意，排在第二位的是即使不成交也要增加客户好感，而不是一次性销售，得罪客户。

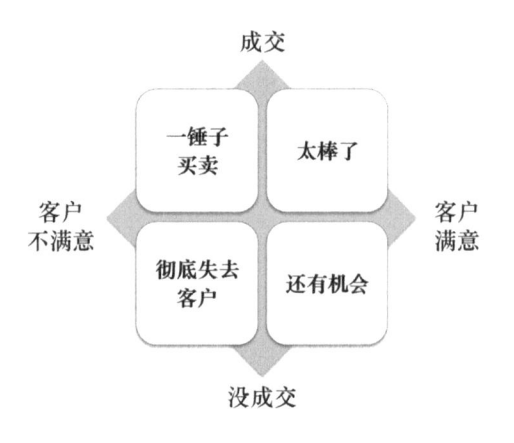

```
                    成交
                     ↑
          ┌──────┬──────┐
          │一锤子│ 太棒 │
          │ 买卖 │  了  │
   客户   ├──────┼──────┤   客户
  不满意 ←┤彻底失│还有机│→ 满意
          │去客户│  会  │
          └──────┴──────┘
                     ↓
                   没成交
```

图 3-7　销售成功标准

工作方法可视化

图 3-8 展示了新产品推广四会模型，新产品推广经验可以按照这个模型呈现，销售代表可以直观地理解产品知识如何和销售流程结合。

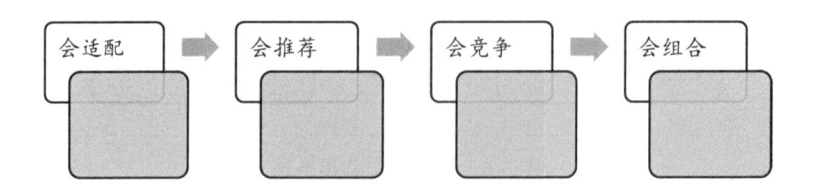

会适配 → 会推荐 → 会竞争 → 会组合

图 3-8　新产品推广四会模型

口诀化表达

在移动互联网时代，大量碎片化信息冲击着每个人，信息超载使得人们的专注力越来越差，耐心越来越少。因此将萃取成果通过口诀的方式表述出来，可以帮助学员快速记忆，也方便高效传播。常见的口诀化表达方式有：

- 英文关键字法。例如，STAR 行为面试技术（背景—任务—行动—结果）。
- 中文关键字法。例如，笔者在《情境微课开发》一书中梳理的进行快速教学设计的"勾、学、练、查"四步法（一勾兴趣、二学方法、三练本领、四查收获）。
- 通俗类比法。例如，面对客户异议，可以将其类比为汽车转弯，"先跟后带拐大弯，坚决不能拐死弯"，说明处理异议时不能够直截了当地反驳客户，而要采取先理解认可、再影响推动的方式。
- 顺口溜法。例如，通过服务可以获得更多接触客户的机会，为了强化服务意识，可以将服务的三个层次整理为"标准服务是基础，要做实；主动服务是关键，要做好；感动服务抓时机，要做深"。

图 3-9 通过一个中心、两个阶段、三个挖掘、个性创造和持续迭代，全面说明了组织经验萃取口诀。采取口诀化表达方式全面展现萃取成果的内在逻辑，可以降低学员的理解难度和记忆难度。

一个中心	以挑战为中心
两个阶段	先界定问题，后解决问题
三个挖掘	行为、决策、角色使命
个性创造	借鉴通用方法论，萃取个性化知识
持续迭代	多轮修改直至完善

图 3-9　组织经验萃取口诀

小结

- 炼纯金不是简单地整理访谈结果，而是在悟透问题本质和因果关系之后优化升级业务方法论。
- 基础：要深入理解通用理论和方法论，要深入理解业务。
- 三个方法：系统化梳理、可视化呈现、口诀化表达。依次使用三个方法能够持续深化对组织经验的理解。
- 迭代是炼纯金的必由之路，持续优化完善才能保证成果的质量。

3.6　解决问题 3：做验证

组织经验在被提炼完成后，需要经过利害关系人的验证才能被推广。首先要验证组织经验是否合格，重点审核萃取方法是否标准化、可复制，是否比原有方法更有针对性、更加高效。需要业务管理者、专家和普通员工代表共同验证，验证方式可以是研讨，也可以是测试、培训。优化重要的业务方法论，一定要组织测试、培训，通过模拟练习，让专家和普通员工判断新方法是否有效。

另外，还需要邀请文化部门审核业务方法是否符合企业的文化和核心价值观。例如，为了提升销售业绩，超市促销员要更加主动，要主动欢迎、主动推荐、主动成交。但主动成交的方法如何实现引发了质疑：是"主动放"，还是"主动给"？经过推敲后发现，直接将产品放在客户的购物车里虽然可以提高成交率，但是有强买强卖的成分，与企业价值观不符。而"主动给"是将推荐客户购买的产品双手递给客户，配合"您带些回去尝尝吧"等促成语言，在尊重客户的前提下促进成交，因此用"主动给"更加精准。虽然"主动放"和"主动给"只有一字之差，但是后者才符合企业价值观。所以企业文化部门要重点审核成功标准和业务方法是否符合企业的使命和价值观。

最后，还要邀请合规部门参与审核。销售方法论是否符合消费者权益保护领域的相关法规的要求，生产一线的作业方法是否符合安全、环保领域相关法规的要求，人力资源管理激励方法是否符合劳动者权益保护方面的相关法规的要求等。

组织经验不是理论知识，而是业务操作方法，企业会据此对新员工进行培训，管理者会据此对新员工进行辅导，对绩效考核方法进行修改，如果有错误，负面影响就会很大。因此组织经验必须经过审核，审核合格后才能被全面推广。

本章小结（见表 3-13）

表 3-13　组织经验萃取实施指引

步骤	任　　务	工具/执行要点
选场景	• 选方向	• 工具：新—关—痛模型 • 与业务领导确认
选场景	• 定场景	• 工具：从业务类别和场景细化两个维度分析 • 由业务管理者+业务专家+HRBP 研讨确定
选场景	• 找专家	• 工具：专家选择标准 • 人力资源部查询绩效数据+业务管理者的建议
定标准	• 确定任务成功标准	• 工具：数量指标、质量指标、成本指标、时效指标四个维度 • 业务专家研讨，业务管理者拍板
找挑战	• 确定完成任务的难点和关键点	• 方法：头脑风暴、团队共创 • 专家研讨并确认
讲故事	• 深度访谈两类案例：成功案例、遗憾案例	• 工具：C-4 访谈技术 • 萃取师负责整理访谈内容
炼纯金	• 输出两类"金子"：成功"套路"+新手"雷区" • 输出典型案例	• 三个方法：系统化梳理、可视化呈现、口诀化表达 • 工具：组织经验系统化梳理模板 • 萃取师和专家共创，多轮迭代
做验证	• 验证成果的质量和合规性	• 方式：研讨、测试、培训 • 参加者或涉及的部门：业务管理者、专家、普通员工、文化部门、合规部门

第 4 章 组织经验推广

组织经验只有得到应用才能产生价值，才能实现将专家经验转化为组织能力的目的。因此，必须重视组织经验的推广工作。业务管理者是进行组织经验推广的关键角色，他们是否认可组织经验，决定了萃取成果是否能够被应用到业务一线并产生价值。

4.1 组织经验推广的方式

组织经验的验证过程，其实也是推广过程，业务管理者、专家和普通员工在听取汇报和测试过程中认可了组织经验的价值，就相当于完成了组织经验推广的"第一步"。部分业务管理者等不到正式推广就会在本部门内开始分享、培训，积极推动落地。然而，推广组织经验并不容易，需要得到管理者的认同、绩效考核机制的支持、软硬件系统的支持。只依靠传统面授培训是很难实现推广目的的，要站在知识经营的高度和变革管理的角度来推广组织经验，可组合应用下面的五种方式。

- 面授培训。以组织经验为依托，开发一系列面授课程（包括知识原理课程、案例课程、练习课程等），培养内部培训师。通过培训全体在职员工和管理者，统一工作方法论，提升全员能力。
- 线上学习。以组织经验为依托，以在线学习平台为载体，开发在线课程，建立案例库，并通过两种方式落地。一种方式是组织在线学习，培训全体在职员工和新员工。另一种方式是建立学习资源库，让员工根据需要随时随地检索学习。
- 融入日常作业。以组织经验为依托，一是优化岗位操作流程，开发工作手册，将其作为日常工作指引，方便员工随时随地参考使用。二是开发辅导手册，将其作为师傅培养徒弟的工具。三是开发稽核标准，将其作为管理和监督的工具。通过开发这三个工具，将组织经验融入员工、专家、业务管理者的日常工作中，促进组织经验的应用。
- 改善绩效体系。改善绩效评估模式，将成功标准转化为绩效评估标准，通过绩效评估标准牵引、推动工作方法论落地和绩效提升。
- 改善工作支持系统。根据需要进行软硬件改造，支持组织经验落地使用。例如，销售需要新的销售道具、新的体验设施，生产操作需要改进工具等。

使用哪种推广方式需要思考萃取的组织经验涉及的内容，需要看组织经验是涉及了员工技能的改善，还是涉及了团队业务模式的转变，还是涉及了组织绩效评价模式调整和软硬件再造。组织经验涉及的内容越多、越深入，推广难度越大。

4.2 组织经验推广案例

案例1：新产品推广

IDC产品属于标准化服务产品，萃取成果是原有销售方法论的典型应用，对有经验的销售人员来说，学习难度不大。同时新产品销售是每个大客户经理和区域经理的重点任务，因此学习动机也足够。所以IDC产品的销售经验可以通过在线学习的方式推广，实现快速覆盖。推广共分为三个阶段：

- 在线学习。将萃取的IDC产品销售经验录制成在线课程"IDC产品销售宝典/秘籍"和"IDC产品销售典型案例"，要求所有销售人员在一定时间内完成学习。
- 反馈案例。邀请销售人员将实践成果撰写成案例，上传到在线学习平台，既促进了学习应用，又丰富了案例种类，增加了学习资源。
- 常态化检索。在推广一段时间后，所有人完成了学习，通过上传案例推动了应用。同时在线学习平台也积累了足够多的学习资源，包括产品知识、产品销售经验和大量案例。之后就可以进入常态运营，一是销售代表可以按需检索，二是将这些学习内容纳入新销售人员培训体系中，完善产品培训课程，提高新销售人员的培训质量。

其他新产品销售经验的推广，以及不涉及工作模式调整、绩效考核模式调整、软硬件工作系统调整的组织经验也可以使用这种推广方式。

案例2：财务管理软件项目交付

财务管理软件项目交付的方法论推广最复杂，难度最大，推广要点如下：

- 推广对象。横向整建制学习，也就是把涉及协同的关键岗位上的人员集中到一起学习。许多公司会梳理出项目管理六大员、项目管理八大员等角色，安排他们按照现有项目团队整建制参与学习。共同学习的意义在于所有角色能够对目标和可能遇到的挑战达成共识，从而更好地协同完成任务。
- 培训模式。要设计沙盘模拟，才能产生效果。财务管理软件交付不仅存在项目管理问题、技术问题，还存在变革推动问题。通过全程模拟学习，我们才能感受到以终为始的重要性，感受到前置工作的价值，体验到不同阶段的协同关键点，体会到推动客户变革的艰辛，这样才能建立全局意识、变革推动意识、多角色协同意识。就像军事演习，只有体验过了，当在项目实际交付中遇到问题时才不会慌，才能根据所学采取行动。

- 融入管理系统。根据优化过的项目交付方法论调整业务管理系统，通过日常管理推动关键动作落地。例如，要求召开内部交接会、要求销售代表陪同拜访对方的项目发起人、要求甲方组建落地执行团队等。只有这样，才能通过管理系统固化项目交付方法论的落地。
- 建立知识库。项目管理周期长，阶段多，可能出现的问题和挑战种类繁多，只依靠集中培训，难以一次全部学完。同时许多学习内容要在很长时间以后才能得到应用，很容易被遗忘。因此，通过建立项目管理在线学习专区，提供在线课程、文档、案例、管理工具、模板等，就可以支持项目经理根据需要检索学习。此外，我们也可以将项目管理在线学习专区与业务管理系统连接，根据项目进度智能推送可能需要的学习资源。
- 调整绩效评估模式。根据萃取成果及战略需求优化项目考核方式，可以从按质交付、按期交付、客户满意度、协同回款等维度确定绩效目标，通过绩效目标指引整个项目团队努力的方向，推动项目交付方法论的落地。
- 纳入常态培训。将萃取成果纳入后备项目经理的培训中，以储备合格的项目经理。如果公司的核心业务是软件项目交付，也可以要求所有业务管理者接受培训和认证，夯实公司的核心竞争力。

相比较而言，财务管理软件项目交付方法论的推广最复杂，涉及关键队伍培养、业务管理流程再造和绩效管理体系调整，只有把三者都做到位，才能把专家经验转化为组织能力。

案例3：市场深耕

三四线城市的市场深耕经验属于策略性知识，与战略规划和年度经营计划的制订、执行紧密关联，一般会涉及三类人：第一类人是现任或新任分支机构负责人，他们是所负责市场的策略制定者和执行推动者；第二类人是分支机构负责人的上级，他们一般是大区总监或省级公司经理，他们会参与和审核三四线城市的公司战略规划和年度经营计划；第三类人是三四线城市的公司核心骨干，他们理解整体的战略规划，然后制订各自专业领域内的计划，支持整体目标实现。因此，推广对象要包括这三类人。市场深耕经验是策略性知识，复杂度高，内容多，依靠在线学习难以收到很好的学习效果，还需要集中面授学习和深入研讨。三四线城市的市场深耕本身属于公司战略，而绩效评估模式和软硬件再造被融合进了学习应用中，并不需要单独调整。结合上述分析，三四线城市的市场深耕经验的推广要点如下：

- 推广对象。自上而下，集中学习。大区总监和管辖区域内的分支机构负责人、核心骨干一起学习，目的是统一市场认识，同步复盘过往策略并研讨制定下一阶段的经营策略。

- 推广时机。最好的推广时机是制订年度经营计划前,和下一年度策略制定结合起来。其次是在年中会议时,可以结合年中复盘和策略调整进行。当然,如果公司非常重视三四线城市的市场深耕经验落地,在萃取完成后也可以立即组织推广培训。
- 培训模式。要结合实战研讨,而不只是讲授。三四线城市的市场深耕经验给出了不同市场的发展阶段、关键任务、关键策略,每一个市场的发展阶段不同,当地的经营环境和资源条件也不同,并不能完全套用,而是要结合萃取成果,同步研讨下一阶段的策略,从而将萃取成果和实践应用结合起来。
- 重点辅导。选择重点突破的市场,投入足够的力量,可结合萃取成果,通过快速扶植经销商开店、外拓等方式,树立榜样和标杆,带动区域市场的快速发展。
- 持续迭代。结合不同分支机构的实践和市场竞争环境的变化,定期优化。
- 纳入常态培训。将相关内容纳入后备分支机构负责人的培训中,帮助他们建立对市场深耕的整体认知。

本章小结

- 组织经验推广的目的:将专家经验转化为组织能力。

- 要有知识经营思维：组织经验是公司的核心知识资产，而且其萃取过程耗费了大量资源。通过组织经验的有效推广，提升了组织能力和绩效，投资才有回报。
- 要有变革管理思维：首先推动试点，在局部获得成功后，才能够获得业务管理者的支持，进行全面推广。
- 全面推广：需要从"会不会"（员工能力如何提升）+"能不能"（业务流程如何支持、硬件设施如何支持、软件系统如何支持）+"愿不愿"（绩效评估模式是否支持）三个维度设计组织经验推广落地模式。
- 推广误区：
  - 重视个人学习，忽视团队学习。
  - 重视推广到一线，忽视了业务管理者的认同和支持的重要性。
  - 只关心员工"会不会"的问题，忽视了"能不能"和"愿不愿"的问题。

第 5 章 萃取师培养

5.1 为什么需要培养萃取师

专家的工作职责本来就包括科研任务、优化方法论的任务,为什么不让专家负责组织经验的萃取,而需要培养独立的萃取师呢?经过实践我们发现,专家负责组织经验萃取的优劣势非常明显。

- 优势:专家熟悉业务,精通理论,熟悉企业现有的业务方法论,负责组织经验萃取就不需要花时间学习这些内容,同时在调研访谈中也不会问一些外行问题,在一定程度上可以提高效率。

- 劣势:专家在组织经验萃取中会更加关注自己感兴趣的疑难问题,而不是站在如何帮助普通员工全面系统地提高能力的角度开展工作。当遇到不同做法时,专家有时候会根据自身经验否定对方,然而不同做法也许是更有价值的,这种思维惯性会使专家失去在萃取过程中的中立视角，以致不能把不同经验全部挖掘出来。由于缺乏萃取的专业知识和技术，专家在访谈、整理、提炼方面的效率会比较低。

萃取师在做组织经验萃取时能够避免上述问题，他是客观中立的，能够从普通员工的需求出发开展萃取工作，能够带着好奇心探索每个专家的不同做法。萃取师受过专业训练，能够按照系统化萃取流程使用专业的工具和方法，输出合格的组织经验。从做好组织经验萃取与知识经营的角度出发，从企业大学帮助业务部门做好内部标杆学习的角度出发，企业需要培养专业的萃取师。

企业大学或培训部门负责学习咨询或课程开发的专职工作者，知识管理部门专职从事知识萃取和知识经营的工作者，人力资源部门派驻到各个业务部门的HRBP，以及有强烈助人意愿的高级内训师，都可以被培养成为萃取师。

5.2　萃取师的工作模式

萃取师主要采取两种模式开展工作：第一种模式是辅导式，以工作坊模式辅导多个专家小组完成萃取工作。第二种模式是咨询式，以萃取师为主导完成访谈和萃取工作。两种模式的工作流程一致，都是按照两个阶段、六个步骤展开。表5-1展示了萃取师两种工作模式的主要区别。

表 5-1 萃取师两种工作模式的主要区别

项目	辅导式	咨询式
数量	• 一个工作坊可以为 5~6 个任务场景做萃取，每个任务场景邀请 3~6 位专家现场研讨并输出成果	• 专注一个重点任务场景
难度	• 适合比较简单的任务场景，以个人专业任务中的具体应用场景为主。例如，新产品销售、典型故障处理、某种类型投诉处理等	• 根据萃取师的能力水平决定，一般都是由易到难
组织模式	• 将所有专家邀请到一起举办工作坊，萃取师按照六步骤输入方法和成果要求，专家以团队共创方式研讨输出，萃取师分段辅导和审核。可以一次集中完成，也可以分为两次或三次完成	• 以萃取师为核心组建项目小组，完成全部萃取工作，包括业务研究、通用方法论研究、专家访谈、组织经验萃取和成果输出
优势	• 成果多：一次输出多个任务场景的组织经验 • 双产出：专家参与了整个过程，既产出了成果，又可以直接作为讲师和辅导者进行授课和现场辅导	• 成果质量高：按照项目管理流程、经过多次验证的成果质量高 • 占用专家的时间少：专家只需要接受访谈和参与验证即可 • 萃取师可以深化业务理解和萃取能力，在此基础上才能辅导不同业务部门开展萃取工作
劣势	• 受专家投入度高低和辅导时间多少的影响，产出质量参差不齐 • 需要占用专家较多的时间	• 单次产出少 • 需要组织培训师和辅导师进行训练才能展开推广

通过上述分析可以看出，辅导式适合快速输出简单任务场景的组织经验，咨询式更适合萃取重要任务场景的组织经验。

5.3 萃取师的能力素质要求

角色使命

- 从帮助专家提取经验的角度来看,萃取师就像知识助产士,帮助专家这个知识产妇生出组织经验这个孩子。
- 从帮助企业提升组织能力的角度来看,萃取师是推动内部标杆学习、将专家经验转化为组织能力的技术支持者。
- 从支持普通员工发展的角度来看,萃取师可以输出高效的工作方法,减少了普通员工自我探索的痛苦过程,帮助他们快速成长。

心态要求

- 好奇。对专家之所以被称为专家的原因抱有好奇心,渴望与他们展开深度交流。
- 欣赏。专家能够制定出远超一般人的成功标准,并且通过持续努力创造出新的方法,非常值得欣赏。
- 探索。专家方法为什么有用?原理是什么?新手能用吗?换不同场景能用吗？只有持续探索才能挖掘出有价值的专家经验，才有可能提炼出纯金。

能力要求

- 快速学习能力。萃取师要能够快速定位并获取与萃取主题相关的理论和方法论，快速理解业务和问题。
- 萃取能力。萃取能力重点包括场景规划、一对一访谈及案例撰写、组织团队研讨、提炼萃取四项关键技能。
- 学习资源开发能力。萃取师要能够进行面授课程开发、在线课程开发、模拟练习开发、辅导工具开发、评估工具开发。
- 项目管理能力。萃取师要能够按照项目管理要求组建项目团队，制订项目计划，并推动萃取项目按期、按质完成。

组织经验萃取是知识管理和学习设计领域中的一项专业任务，专职工作者很少。要选择勇于承担相关职责，并且对组织经验萃取感兴趣的伙伴进行培养。培养方式要符合成人学习规律，先学习萃取专业的知识技能，然后在专家指导下进行项目实践，并且不断深化对三类知识体系（不同类型的组织经验的知识原型／理论体系、相应的方法论体系和萃取技术方法体系）的认知，逐渐实现由易到难、由一种类型的组织经验萃取到多种类型的组织经验萃取的过渡。

第6章 企业案例分享

将专家经验转化为组织能力,既是一项技术工作,又是一项项目管理工作。如果萃取成果涉及业务方法论再造,组织经验推广就变成了变革推动项目。下面结合两个案例完整展示组织经验萃取与推广的全过程,包括立项、组建团队、组织萃取、推广落地、推动配套管理措施落实等关键环节。

6.1 某公司销售经验萃取与推广项目

此公司为国内知名高端内衣公司,有20多年的历史,旗下有10多个专业内衣品牌。

需求来源

2016年年初,该公司的企业大学在调研中发现业务部门有销售能力提升的需求。这种需求具体体现为部分品牌的销售业绩增速放缓。客观原因首先是消费者的购买渠道发生了变化。购物中心业态的兴起、网络购物造成了客户分流,使得传统百货商场的客流急剧减少。其次是同业竞争在加剧,尤其是海外高端内衣品牌的推广力度在加大。该公司目前还是以线下门店为主渠道,如何提升单店的销售能力就成了业务部门和企业大学共同的关注点。内衣消费相对高频,在客流有限的情况下如何获得新客户、如何培育忠诚客户并提高其重复购买率成了问题的切入点。从销售业绩来看,有些门店在培育忠诚客户及提高其复购率上表现优秀,因此公司期望萃取并推广相关销售经验。

选择试点事业部

该公司旗下有 10 多个品牌,这 10 多个品牌的创立时间不同,销售规模不同,对组织经验萃取和推广的认知度也不同,所以不可能全面开展。该公司需要选择合适的事业部进行试点。经过研讨,该公司确定了三个选择标准:

- 体量合适。销售规模不能过大或过小,过大实施难度大,过小影响力不足。
- 领导重视。事业部负责人要认同组织经验萃取和推广的价值。

- 拥有能力和责任心俱佳的培训师队伍。组织经验的推广落地需要培训师负责授课、辅导、收集应用案例、二次优化等。

按照这三个标准,该公司最后将男士内衣事业部作为试点事业部。

销售经验萃取

该公司的企业大学聘请了专业学习咨询机构的萃取师,并组建了项目团队,期望能够在保证试点项目质量的同时提升自己的萃取能力。本阶段项目团队的主要工作包括:

- 现场调研。公司管理者以神秘客户的身份暗访本公司门店和竞品门店,了解导购的真实工作状态和销售模式。
- 深度访谈销售专家。邀请试点事业部最优秀的导购和店长参加研讨会,通过团队共创和个案深度访谈提取专家经验。
- 萃取销售经验。通过深入研究发现,该公司现有的销售方法论需要从三个维度进行升级。第一个维度是"手"——销售流程,常规的销售流程都是从欢迎客户开始,到成交结束的。升级后的销售流程是一个闭环,一次销售结束要为下一次销售做好铺垫,下一次销售要在上一次销售的基础上,使客户感知到被尊重,感知到作为老客户被个性化接待,这样才可能培育忠诚客户。第二个维度是"脑"——

销售理念，原有销售理念以产品为核心，通过询问客户需求、推荐产品卖点实现销售。然而这并不适用于高端产品的销售。升级后的销售理念是三维销售：卖品牌、卖品牌所倡导的生活方式、卖产品。要将升级后的销售理念融入销售流程中，在搭关系环节要建立品牌、导购与客户之间的关系，在推产品、做连带环节要推广品牌所倡导的生活方式。第三个维度是"心"——导购的角色使命，原有销售流程决定了导购的角色使命只能以追求成交和客单价为核心，而升级后的销售流程将服务好客户和经营好客户融合进来，销售的成功标准变成"关系+价值"。关系是指客户是否认同导购的服务，价值是指客户是否感受到了舒适。表6-1展示了具体升级内容。同时，该公司在此基础上划分了四种典型的销售场景：老客户有需求、老客户无需求、新客户有需求和新客户无需求，并且定义了不同销售场景的成功标准、关键挑战、销售方法论的应用重点。

- 学习资源开发。在销售经验萃取的基础上，该公司开发了面授课程（理念篇+方法论篇+四个销售场景篇），录制了在线课程，开发了四个销售场景的模拟练习课程和店长进行辅导和稽核的工具。这些学习资源可以支持整个学习过程。

表6-1 某知名高端内衣公司销售方法论的升级内容

升级维度	原销售方法论	升级后的销售方法论
"手"——销售流程	欢迎客户 → 探询需求 → 产品推荐 → 处理异议与成交 → 附加销售	搭关系 → 探需求 → 推产品 → 做连带

续表

升级维度	原销售方法论	升级后的销售方法论
"脑"——销售理念	一维销售：以产品销售为核心	三维销售：卖品牌、卖品牌所倡导的生活方式、卖产品
"心"——导购的角色使命	没有明确提出，然而销售流程展现出来的导购的角色使命以追求成交和客单价为核心	将服务好客户和经营好客户融入销售的成功标准，成功标准变成"关系+价值"

销售经验推广

在销售经验推广阶段，首先要明确分工，由试点事业部牵头组织培训师的培养、使用和激励，并负责组织经验在各分公司的落地。分公司负责培训师的选拔、本地培训的组织、后续应用的跟进。整体推进过程如下：

- 组织推广"第一课"。由培训部门安排核心讲师或萃取师向试点事业部领导和各分公司领导汇报成果，获得初步认可。

- 选拔、培养培训师。试点事业部建立了培训师选拔激励制度，并争取到了激励资源。经过分公司选拔、试点事业部审核之后，培训师开始接受培训。经过认证后，培训师掌握了课程内容，学会了如何组织角色模拟演练和如何进行现场辅导。

- 线上线下联合推广。培训部门在公司移动学习平台发布在线课程，首先组织全体导购在线学习，然后由各分公司的培训师组织线下强化集训，包括重点内容答疑和现场模拟练习。线上线下联合推广的好处是在线课程由课程开发核心团队讲授、录制，保证了授课质量，避免了由培训师理解不到位导致的授课质量差等情况的发生。同时，在线课程可以持续重复学习，当店内没有顾客时店长就可以组织员工学习。此外，培训师熟悉业务，在经过认证后负责答疑、演练组织和现场辅导，能够促进销售经验的落地应用。

- 应用跟进。各分公司定期上交培训实施月报，确保培训覆盖率。内训师要组织导购撰写并上传应用案例，在促进应用的同时建立案例库，支持后续深入学习。
- 将培训课程的内容纳入店长和导购的任职资格考试。在完成了大部分店长和导购的培训后，将培训课程的内容纳入店长和导购必学必考的内容。同时组织导购开展技能比武大赛，持续推动应用。
- 绩效牵引。试点事业部调整绩效政策，提升复购率指标，引导导购以培育忠诚客户为目标，推动销售方法论的落地。

成　　果

- 销售角度。试点事业部单店销售业绩明显提升。
- 新人培养。在接受基本方法论培训后，店长借助在线课程，分场景由易到难组织新人培训，加快了新导购的成长速度。

- 知识资产。萃取成果适用于高端男士内衣的销售。试点事业部将公司的核心使命融入销售流程和销售的成功标准中。

后续应用

在男士内衣事业部试点成功后，其他事业部认识到了销售方法论升级的价值，纷纷开始推动。2016 年在外部顾问的指导下，三个品牌事业部推进销售经验的萃取和推广工作。2017—2018 年，具备了萃取能力的内部顾问推动了其余品牌事业部销售经验的萃取和推广工作。通过三年的努力，该公司绝大多数事业部的销售方法论都得到了优化升级，有效支持了团队销售能力的提升。

案例总结

随着消费升级，许多企业开始推出高端、个性化的产品与服务，然而销售方法论在零售领域中并没有同步升级，大部分导购还是以产品为中心、以性价比为卖点、以推荐为核心手段进行销售。优秀导购并没有等待，而是自发探索，尝试优化销售模式，虽然他们说不出这种优化在理论上是怎么回事，但是效果明显。该公司的组织经验萃取与推广案例充分展现了这一点，当把三个维度（销售流程、销售理念、导购的角度使命）的升级要点展现出来时，他们的感受是"就是这样的""把我们说不清楚的道理梳理清楚了，很系统、很专业"。升级后的销售方法论符合产品定位，符合客户决策特点，符合业务战略，因此推广起来顺风顺水，各个事业部都认可这种模式。当然，该公司也要根据零售模式的发展持续迭代、优化自己的销售方法论。其他推出高端产品的公司在参考这个案例时，也要思考如何将销售方法论和产品定位、渠道模式、客户决策特点相结合，从而实现销售方法论的优化或升级。

6.2 某房地产集团项目运营和协同经验的萃取与推广

该房地产集团为国内排名前十的房地产集团，业务包括住宅、商业地产和旅游地产，重点覆盖区域为一线、二线和部分三四线城市，项目在地域上遍布全国 20 个省份的近 40 个城市，2014 年整个集团开发的项目有近百个。

需求来源

- 区域化战略需要分公司促进运营管理能力的本地化。随着公司规模的扩大，集团已经没有能力负责每个项目的关键决策（买地、设计、开盘等），因此授权分公司进行本地化业务的拓展，而这就需要提升分公司的运营管理能力。

- 快速扩张、运营遇到了挑战。库存增加，交房难度加大，项目分期开发的利润率降低。
- 运营和协同能力缺乏。在集团管控下，地产业务的各个专项能力（设计、开发、工程、成本、营销等）发育时间长，专业队伍健全，影响力大。而在区域化战略开始推行后，由于运营能力和协同能力的缺乏，许多问题出现了。例如，销售时承诺过多，导致交付困难；成本管控很强，交付标准与样板间展示不符，或者二期比一期的交付标准低，带来项目交付困难等。
- 为应对未来的挑战储备能力。房地产行业从黄金时代走向白银时代是必然趋势，盈利空间缩小，政府管控加强，消费者专业度提高等，都需要房地产企业提前储备、发育运营能力。

基于上述原因，2014 年该集团首席运营官提出需求，希望强化区域运营能力和协同能力。

模式选择

项目是房地产企业的核心业务单元，项目运营是核心业务流程。该集团已经建立了相应的业务管理流程,涵盖买地、设计、营销、工程、交付等环节,业务执行必须根据流程要求推进,而且该集团已经组织过运营流程培训。但是实践中还是出现了大量协同不佳的问题、缺乏运营思维的问题。如何解决?

- 继续做运营标准化宣传,肯定无效。
- 案例复盘。一个项目的周期最短为 3~4 年,最长为 10 年以上,项目资料不全,而且案例内容量过大,没有办法进行全周期案例复盘。
- 行动学习。行动学习一般解决重大紧急问题,而运营能力提升和协同是一个长期问题,很难解决。
- 萃取典型协同问题和沙盘模拟。经过分析,该集团发现虽然有标准业务管理流程,然而房地产项目开发中有无数变更点,在这些变更点如何决策会影响到不同专业工作的推进,会影响到项目销售和最终交付,因此萃取整个项目交付过程中的关键变更点,通过沙盘模拟让项目团队像军事演习一样体验全过程,可以提升以终为始的运营意识和协同意识。

项目运营和协同经验萃取

该项目由首席运营官发起,项目团队由运营部、企业大学、人力资源部和外部专业顾问组成。项目团队在组织经验萃取阶段完成了如下任务：

- 确定典型项目。项目团队结合分公司的授权范围，从市场类型（一线城市、二线城市、三四线城市）、市场熟悉程度（新进入、已进入）、产品类型（住宅、商业地产、旅游地产）、项目规模（超大项目、大型项目、中型项目）等维度确定了典型项目特征，并根据这些特征选出近期已经开发完成的典型项目。

- 确定成功标准。对房地产企业来讲，买地和项目开发是核心业务，对什么是成功标准应该非常明确。然而当第一次召开项目研讨会时，参会所有人，包括首席运营官、投资部负责人、分公司总经理等，每个人写出来的成功标准都不一样。经过访谈项目团队发现产生这种问题是有历史原因的，投资部负责买地，项目部负责开发，这两个部门之间没有研讨过买地的成功标准。项目交付更是"五龙治水"，工程部门、设计部门、营销部门、成本部门等从各个专业角度对项目提出了管理要求，却没有一个专业部门站在整个项目交付结果角度确定成功标准，整个项目交付结果包括交付时间、交付数量、交付质量、客户满意度等。最终项目团队在经过讨论后达成了集团第一版买地和项目开发的成功标准。从此，运营团队和各专业部门有了共同的目标和以终为始的决策依据。

- 现场参观与深度访谈。项目团队到现场了解了分公司的整体情况，实地参观项目，然后深入访谈项目负责人、分公司总经理、每个专业部门的核心骨干，重点了解了各个关键节点的原有方案、关键变更点及应对措施，以及对后续的影响等内容，并且根据访谈成果收集了从意向买地到项目交付全过程的关键资料，并对其进行了整理。
- 萃取项目运营和协同经验。结合对多个项目进行访谈的成果，萃取师梳理了项目开发中的关键变更点，依据其对销售和交付的影响度将这些关键变更点分为大、中、小三种类型，并按照以终为始的思想梳理了优秀项目的做法。

沙盘模拟课程开发

- 开发规划。项目团队根据前期的萃取成果，并结合房地产项目开发流程，设计了两个沙盘："买地"和"项目开发"。以真实项目为背景，以关键阶段的任务为载体，以重大变更作为挑战点模拟整个项目的开发和交付过程。
- 沙盘设计。图 6-1 展示了沙盘模拟底层逻辑，首先建立任务、方法、绩效的内在关系模型，然后在此基础上进行沙盘模拟设计。图 6-2 展示了沙盘模拟设计五要素，包括场景设计、任务设计、角色设计、评价模型设计和模拟演练形式设计。

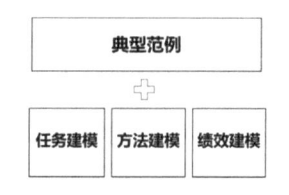

```
        ┌──────────┐
        │  典型范例  │
        └──────────┘
             ╋
┌────────┬────────┬────────┐
│ 任务建模 │ 方法建模 │ 绩效建模 │
└────────┴────────┴────────┘
```

图 6-1　沙盘模拟底层逻辑

```
┌──────┬──────┐
│ 场景 │ 角色 │
│ 设计 │ 设计 │
├──────┼──────┤
│ 任务 │ 评价 │
│ 设计 │ 模型 │
│      │ 设计 │
├──────┴──────┤
│ 模拟演练形式设计 │
└─────────────┘
```

图 6-2　沙盘模拟设计五要素

- 模拟模式。项目核心团队（项目总、开发、设计、营销、成本、工程、财务、服务等）整建制学习，目的是让沙盘模拟中形成的协同默契能够自然地转移到真实工作中。三个项目团队模拟三家房地产企业进行对抗，将真实市场中的竞争带入模拟中。邀请分公司的各专业部门总监和总经理扮演客户和教练，使挑战更真实，反馈更到位。同时也促使他们同步学习，理解分公司应该如何协同。

- 反馈模式。在整个沙盘模拟结束后，邀请模拟项目中负责运营的总经理分享真实过程、挑战和结果。通过将模拟结果和真实的经营结果进行对照，参加学习的项目团队可以深度反思关键决策和协同质量对项目最终经营成果的影响，反思经营意识、协同意识、竞争和风险平衡意识对项目运营的影响。

项目运营和协同经验推广

- 前期选择有真实项目需求的分公司和项目团队进行培训。"买地"沙盘重点培训近期有拿地任务的分公司,"项目开发"沙盘重点培训近期有开盘或交付任务的项目团队。
- 学习完成后结合真实项目展开应用讨论或组织行动学习,使学习内容直接得到应用。
- 在重点项目完成后,2015—2016 年,该集团组织全集团所有项目团队轮训。

管理体系改善

首席运营官作为项目发起人,同步规划了配套管理体系,在分公司和各专业部门认同了运营与协同的价值后推出了相关政策。

- 调整人才选拔政策,被提拔为总监的员工必须有项目运营工作经验。
- 调整短期激励政策,各专业部门的年度激励必须以项目整体经营效果为基准,进行岗位绩效评价,而不是各专业条线独立进行年度评估。

成 果

- 集团运营意识提升。首席运营官深度参与典型项目选择、成功标准制定、典型模拟项目选取、首批教练团队选拔、两个项目测试,并要求培训部门组织项目团队整建制参与模拟训练,还要求各专业部门总监作为教练全程参与。这个过程将推动运营部门的战略意图落地,将集团运营管控流程和工具融合在训练模拟中,提升了全集团的运营意识。

- 项目团队协同能力提升。两次沙盘模拟都是根据真实项目团队整建制展开的,每次沙盘模拟都是两天两晚的魔鬼式训练,在短时间内强化了项目团队的协同意识和团队战斗意志。某些总经理在培训现场就组织团队研讨现有项目的运营策略,为后续实战奠定了基础。

- 项目实践。初始推广和真实项目的推进是结合进行的。项目团队在完成真实项目任务后收集了分公司总经理和集团专业条线领导,以及参加培训的项目团队的反馈。收集这些反馈的主要价值体现在提高了工作效率和减少了协同问题。

- 个人思维模式转变。受训员工通过全程模拟真实体验到了专业视角和经营视角的区别,感受到了在全程中前期决策的重要性,体验了在提升项目竞争力的同时如何平衡风险,建立了对项目经营的整体认知。

案例总结

企业规模扩大，必然需要走向职能化和专业化。房地产企业的职能化和专业化展现出来的就是专业部门越来越多（包括产品设计部门、营销部门、成本部门、财务部门、工程部门、采购部门、服务部门、政府事务部门等）。企业在走向专业化的同时非常容易出现横向协同问题，每个专业部门关心各自的专业没有错，但无人为结果负责的情况也很常见。然而由于人才选拔和培养机制、管理机制和激励考核机制都是按照专业条线运行的，所以解决该问题的难度极大。该案例展现了两个关键点：第一个是项目发起人是首席运营官，提升运营能力和协同能力是他的关键任务，因此只有在他的深度参与下，项目才能被有效推进；第二个是先有理念认知和认同，再推动配套制度落地。各项目团队整建制参加沙盘模拟课程，如同部队举行陆、海、空协同演习，体验到了在全局背景下以终为始、运营思维和协同配合的重要性。只有在此基础上推出配套制度，才容易落地执行。

不仅房地产企业需要提升基于业务价值链的协同能力，而且所有企业都需要提升基于业务价值链的协同能力。只是小企业的协同问题比较简单，通过日常会议就可以解决。在企业规模扩大之后，专业分工越来越细，协同问题就会越来越突出。企业会引进各种方法论，如 IPD 流程、精益生产模式、项目管理方法论、大客户销售方法论等，推动基于业务价值链的跨部门协同。引进各种方法论的过程非常有挑战，每一种方法论的引进都是一次管理变革。在引进、消化的基础上，企业可以按照不同任务场景萃取组织经验，也可以根据企业的业务特点优化整体方法论，使其更加贴近企业的实战需求。

附录 A 萃取相关问题回答

1. 最佳实践、组织经验和组织智慧这些概念有区别吗？

这几个概念目前并没有统一的定义，每个人的理解也不同。此外，还有隐性知识和显性知识等相关概念。萃取师要透过现象看本质，无论概念是什么，都要把专家解决问题的更高效的方法转化为所有人都可以使用、可以复制的流程、步骤、方法、工具、模板等。起点是有专家，终点是有价值的知识。

2. 每种任务主题都可以萃取吗？

组织经验萃取与推广是基于过去成功经验的学习，萃取成果是经过真实案例验证过的。这对组织非常有意义，可以直接模仿，从而促进组织绩效提升。然而并非每种任务主题都可以萃取，要考虑两个条件：一个是是否有专家，以及专家是否有比一般人更好的做法；另一个是专家做法是否已经超越了通用方法论的水平。符合这两个条件的任务主题才值得萃取。如果不符合，建议先引进、推广通用方法论而不是先开展萃取。

3. 建立了案例库，还要做组织经验萃取吗？

有些企业从建立案例库开始强化内部学习。案例学习有两种价值：一种是案例是在企业内部真实发生的，容易引起共鸣；另一种是案例中分享的经验可借鉴。然而，即使每个案例都有可学习之处，也需要当事人结合自己的任务分析、判断，调整工作方法。组织经验萃取是把多个案例的共性提取出来，形成系统化、可复制的方法论。从学习效率的角度看，比起案例学习，组织经验萃取的效率更高一些。因此，案例学习到一定程度以后需要做更深入的组织经验萃取，将分散的、碎片化的知识点变成系统化的工作方法论。同时学习了大量案例，可以减少访谈工作量，提升萃取工作效率。

4. 复盘与组织经验萃取之间有什么关系？

组织经验萃取会用到复盘技术，每一个案例中的深度访谈，就是当事人的复盘过程。然而两者还是有很多区别的。

- 受益主体不同。复盘的主要受益者是当事人。复盘是当事人经过反思、总结得出经验、教训，并在此基础上将经验、教训分享给其他人。组织经验萃取的主要受益者是整个团队，在萃取过程中，案例访谈的主要目的是获得专家的独特经验，专家同步做了复盘是副产品。
- 主题不同。复盘的主题没有限制，工作任务、个人生活发展等都可以复盘。组织经验萃取的主题是聚焦的，组织经验萃取要围绕着组织的"新—关—痛模型"展开。

- 案例性质不同。成功案例和失败案例都可以复盘，而且有时候失败案例的复盘带来的启发会更大。组织经验萃取重点围绕成功案例展开，这样才能获取更高效的工作方法。
- 成果质量不同。复盘中获得的经验、教训更多是基于一个案例获得的，而组织经验萃取是在多个高质量案例的基础上梳理出系统化的方法论。

5. 组织经验萃取与行动学习之间有什么关系？

组织经验萃取和行动学习都是基于实战的学习，从这个角度看，它们是一致的。它们的不同点在于组织经验萃取聚焦在已经发生过的实战，而行动学习聚焦在正在发生的没有结果的重大紧迫问题上。它们的结合点是行动学习的成果可以作为萃取案例的来源。

6. 内部课程开发与组织经验萃取之间有什么关系？

企业开发内部课程的目的是提高培训内容的针对性。企业内部课程的内容分为两类：一类是已有知识，包括业务介绍、工作流程、规章制度、工具使用方法、工艺技术等，属于显性知识。另一类是存在于专家头脑中没有被提取出来的经验、教训，属于隐性知识。组织经验萃取就是使隐性知识显性化的过程，在此基础上开发的课程更有价值。

7. 组织经验萃取的责任主体是谁？

一般企业的组织经验萃取是由培训部门或企业大学发起并管理的。然而专家归业务部门管理，要使组织经验发挥价值，也需要业务部门推广应用，所以业务部门既是核心受益方，又是主要资源投入方。因此组织经验萃取的责任主体是业务部门。企业大学或培训部门要推动业务部门参与其中，这样才能保证组织经验萃取有价值。

8. 组织经验萃取和组织经验推广哪个难度大？

组织经验萃取和组织经验推广是将专家经验转化为组织能力的两个关键阶段，组织经验萃取以技术性工作为主，关键点是专家深度访谈和整合萃取。组织经验推广以管理性工作为主，关键点在于如何推动整个团队快速学习、如何推动落地应用。两者的难度和挑战性质不同，然而现状是容易高估组织经验萃取而低估组织经验推广。相对而言，组织经验萃取的可控性更强一些，主要控制点是专家质量和萃取师质量，而且组织经验萃取和课程开发是培训部门的核心工作，时间投入有保证。组织经验推广的可控性很差，组织经验推广需要专家投入时间、全员参加培训、业务管理者投入辅导时间等，由此会带来短期业绩和长期组织能力建设之间的矛盾。所以我们不仅要重视组织经验萃取的技术难度，还要重视组织经验推广的管理协调难度。

9. 萃取师的职业发展前景如何？

- 从长期来看，前景非常好。消费升级和竞争加速对企业的创新能力和运营能力提出了越来越高的要求。萃取能够快速推广、复制局部创新经验，提高组织能力。因此萃取师对企业的价值会越来越大。

- 从人才市场来看，越来越多的企业大学在招聘中都增加了萃取能力要求。萃取是企业大学的核心竞争力，是服务和支持业务发展的关键能力。因此掌握萃取技能可以提升萃取师在学习发展领域的职业竞争力。

- 从岗位设置来看，专职萃取师的岗位较少。萃取是企业大学专业学院负责人、培训经理、项目经理、专职培训师的部分工作任务。随着企业大学的发展和人们对自身核心能力建设的重视，专职萃取师的岗位会逐渐增加。

- 从财务收益角度来看，和影视行业做类比，萃取师是编剧，培训师是演员，企业大学或培训机构是制片人。从短期来看，优秀的编剧和优秀的演员之间的收入差距还是非常大的。从长期来看，如果能够按照成果推广收益分成，优秀萃取师的收入就会有很大的提升空间。

- 从曝光度来看，萃取师在幕后，培训师在台前，培训师自然会获得更多的鲜花、掌声。然而对于更愿意从事研发而不是现场授课的从业者来讲，萃取提供了这种工作机会。

- 从工作的内在价值角度来看，萃取师有机会与各种专业"大咖"深度交流，有机会创造不同类型的知识产品，有机会站在幕后欣赏许许多多经过认证的培训师运用自己萃取的知识和开发的课程去培训大批新人。因此愿意当一个幕后英雄并愿意享受知识创造过程的朋友，可以把萃取师作为自己的终身职业。

参考文献

[1] 竹内弘高,野中郁次郎. 知识创造的螺旋:知识管理理论与案例研究[M]. 李萌,译. 北京:知识产权出版社,2012.

[2] 肯尼思·H. 希尔伯,韦尔兹利·R. 福希,瑞恩·奥特金斯,等. ISPI 绩效改进指南(第一卷)[M]. 周涛,等译. 南京:江苏人民出版社,2015.

[3] 李文德. 情境微课开发[M]. 北京:电子工业出版社,2015.

[4] 伊查克·爱迪思. 企业生命周期[M]. 赵睿,译. 北京:华夏出版社,2004.

结束语

2020年年初，新型冠状病毒肺炎疫情爆发，笔者有了大量写书的时间，也可以静下心来思考一些问题。在网络上笔者看到许多之前不想工作的人突然之间开始想工作。自己也开始反思：到底是工作需要我，还是我需要工作？如果我需要工作，那么工作的意义是什么？笔者在本书中表达了自己的观点，然而实践的路还很漫长。

感谢绿谷集团董事长吕松涛先生，他启发笔者从生命价值的角度看待工作。感谢方太集团董事长茅忠群先生，他提出的"文化即业务"理念让笔者思考如何在组织经验萃取中将企业使命与业务方法论结合起来。感谢方太大学、爱慕学院、安利（中国）培训中心、蒙牛集团低温奶事业部、世茂集团、中信银行信用卡中心、中国国际航空公司培训中心、中国医药集团国药大学、美赞臣营养品（中国）有限公司等甲方，以及北京枫调理顺科技发展有限公司、上海百仕瑞企业管理咨询有限公司等乙方提供了合作机会，笔者才能够深入访谈服务、销售、研发、调解、项目管理、生产班组管理、药店经营、分公司深耕等各个领域的顶级专家，并能够萃取和推广不同行业、不同企业的组织经验，服务许许多多的工作者，还有机会走出国门，推广中国经验。感谢刘静楠老师对文稿提出了许多宝贵建议。最后感谢家人一直以来的支持，尤其在写书期间，家人给予的美食和温暖陪伴为笔者提供了更多能量。

期待每个人都能更加珍惜工作，珍惜与家人在一起！

文德工作室"组织经验萃取"系列服务

文德工作室是李文德老师 2012 年创办成立。将国际先进的学习理论、中国传统的人文精神与中国当下的组织和人才学习需求相结合，运用自主研发的学习技术，萃取符合时代发展需求的组织经验、行业经验，开发成为榜样案例、精品课程、学习项目，推动组织能力和个人能力共同发展。

1. 线上课程

内　　容	课程购买方式
双赋能导向的——组织经验萃取	（二维码）

2. 工作坊（公开课/内训）

内　　容	说　　明
双赋能导向的——组织经验萃取工作坊	2-3 天
双赋能导向的——榜样案例开发工作坊	2-3 天

3. 咨询项目（辅导式/外包式）

服　　务	说　　明
组织经验萃取与推广项目	• 萃取并推广融合价值观的系统方法论（如销售之道、服务之道、管理之道、门店经营之道、三四线市场深耕与经营之道、项目管理方法论优化……）
榜样案例开发项目	• 访谈并开发团队级/组织级中大型案例，如大客户销售、项目管理、研发、创新、变革、文化与战略等

4. 企业大学内部萃取师培养

服　　务	说　　明
案例开发能力认证	• 输入案例开发流程和关键技术、验收标准、典型案例 • 培养认证一批能够引导内部专家完成选题、深度访谈、案例开发的培训管理者
组织经验萃取能力认证	• 输入组织经验萃取流程和关键技术、建立验收标准、开发典型项目 • 培养认证一批能够引导内部专家完成初中级难度组织经验萃取和课程开发的培训管理者

了解详情请咨询丁老师，或扫码添加微信

电话：18610281581,010-64740581